彭增军（Zengjun Peng）◎ 著

新闻业的救赎

数字时代新闻生产的 16 个关键问题

中国人民大学出版社
·北京·

序

我对太阳的倦意日增

直到我的思想再次清澈

我所做下的最好的努力

就是使事物简洁

......

而词语听从了我的召唤

——叶芝

1835 年，法国人托克维尔出了一本《论美国的民主》，介绍考察美国的所见所闻。其中一个细节说：一天早晨，在蛮荒之地的密歇根，他碰到一位拓荒者正走出家门，身上带了三件宝贝。第一件宝贝是什么呢，是《圣经》，面对残酷的自然环境，这份精神食粮当然必需；第二件宝贝是把开山斧，披荆斩棘、开荒种地的利器；这第三件，你多半不会想到，是一份报纸，是关于这个世界的、同这个荒野中的拓荒者干系不大的新闻纸。

看到这些，托克维尔看到了力量，看到了一个国家和它的人民的崛起。

1835 年，在纽约诞生了一份新闻纸《纽约先驱报》（*New York Herald*），同先前的《太阳报》（*The Sun*）和后来的《纽约论坛报》（*New York Tribune*）一起开启了美国的大众新闻时代。便士新闻和黄色新闻的"繁荣"犹如今天的互联网新媒体，使新闻成本低廉，旧时堂前燕，飞入百姓家，由此开始了美国新闻的工业化生产以及职业化、专业化的进程。

1835年，在大洋彼岸的中国，是平淡的大清道光15年，离鸦片战争还有5年，中国近代史还没有开始。不过，有一件事情非同小可：兰贵人出生了，25年后垂帘听政，末日王朝在这个女人的统治下风雨飘摇大半个世纪。

大约也就在那个时期，据说，我的先祖挑着一副箩筐，前面装着儿子，后面装着家当，带着他的妻子——我的先祖奶，来到了太行山东麓的一个小山村。天黑了，走累了，住下了。如今到我已经是第八代，同族人口上千。

说不清先祖是从何地、究竟为何背井离乡。我有时会想象先祖一家的模样。挑着担子的祖爷肯定是留着辫子的，粗黑油亮的那种，而祖奶多半裹了小脚，那这山路她又是怎么走的？这些都无从知道，因为我的祖爷极有可能不识字，不会留下什么记载，也几乎可以肯定他老人家从来也没听说过什么报纸。甚至到了我爷爷这代，兴许也没有读过报纸。如果真见过摸过报纸，肯定也是金贵得留着去糊墙。他们的生活里还没有媒介。我想他们肯定也希望有，起码不至于听到枪声才知道鬼子进村，兵荒马乱，惶惶不可终日。

我一直在絮叨1835年这些事，因为在写这篇序的时候，脑子里总像过山车一样，从密歇根开荒者的三件宝，到我先祖的箩筐，再到我眼前的屏幕，手上的键盘和旁边不时闪烁一下的手机。再"忽悠"到2035年，距1835年整整两百年，这个已经彻底媒介化的世界会是什么样呢？《纽约时报》还在吗？BBC还在吗？谷歌还在吗？苹果还在吗？虚拟现实和增强现实与现实打通以后，事实和真相还那么重要吗？我们是否从人的数字化（being digital）蜕变为数字人（digital being）？新闻专业主义是否真的会同报纸一样成为历史？而我在课堂上鼓吹的这些理念啊价值啊，只能留在教科书上，甚至只能留在历史教科书上吗？

谈论未来，尽管是不太遥远的未来，是要透支我们的想象力的，因为极有可能，这场翻天覆地的科技革命才刚刚开始。所以，我们对未来的真正把握应该就在当下。如果我们相信——实际上也只好相信：我们当下的所作所为能对未来有所影响，那么我们就必须对现实做一些考察和思考。这就是我这本书的初衷和意义所在——如果有的话。

本书始于为《新闻记者》写的专栏，开始也没有一个具体的计划，想到哪里写到哪里。不过，文章定位和写作方式有个大致的考虑，即从一个从业多年的记者和学者的角度来写。这里的"学者"，不敢说是学问意义上的学者，而是学习者（learner），或者再拔高一些，是学习了经历了一些的学者（the learned）。当然，受过点教育不一定就有什么真知灼见。马克·吐温曾说："所谓教育，无非是从傲慢的无知到可怜的不确定。"

之所以要结合业界和学界的角度，是因为新闻学需要知行合一。别的学科诸如哲学、历史、文学等，可以述而不"做"，而新闻是要靠实践支撑的。

美国著名剧作家米勒说过，报纸是一个国家跟自己的对话。我想这也适用于写作。我把每一次写作都看作跟自己的对话，在无数个师长先贤的注视下跟自己的对话。只写自己想明白的，也许能说明白的。理想的结果是深入浅出，但做起来很难。好在自己未必能有多深，所以浅出就简单多了。行文上尽量随意轻松一些，真理不会因为板着面孔而更有说服力。尽管这样做可能是两头不讨好：学界因为你"抽象"不够而说你太"实"，业界会因为你没有提供可操作的东西而说你"虚"。好在这么多光阴虚度以后，有一件事想通了：与人交往，你不可能取悦所有的人；写文章呢，你也不可能面面俱到。

此书的内容围绕这样一个主题：在新的媒介环境下，新闻（journalism）作为理念（idea）和行业（industry）的生存问题，包括传统媒体的困局和出路，以及大变革中新闻人的职业危机。作为一种媒介形态，传统媒体的死亡与否其实并不重要，新闻专业主义的生死才是大问题。然而，新闻专业主义这个灵魂总是要依存于一个健康的机体的，因而就必然要谈到新闻媒体的经营。书中有几篇文章涉及这个问题，介绍了别人的做法、说法外加自己的看法。有人说新闻学的教授一说新闻就滔滔不绝，一说商业模式就张口结舌，此话大约不错。我磕磕绊绊说了，庆幸的是不用真的来为商业模式负责。

从某种意义上讲，这场传统新闻的生存危机也许来得正是时候，可以逼迫业界、学界乃至全社会重新审视、思考，从而明确什么才是新闻的根本使命，什么才是新闻的核心价值和竞争力。

有关新闻危机与救赎的话在文章中都已经说得差不多了。文章里的观点基本是别人的高见加自己的愚见，相对平衡一些；这里想放开一些，补充几句自己对于新闻的"偏见"。

我坚定不移地认为新闻是理想和道德的感召。有句话说如果一个人到20岁还不是个理想主义者，那他没有心肝；一个人到40岁时还不是个现实主义者，那就是无脑。新闻记者终其一生必须是有心有脑的理想主义者。在职业生涯中，钱有多有少，稿子有好有坏，但新闻的道德感召，贯穿始终。作为老师我常常难以掩饰自己的这点偏见。我认为一个学生如果看不清新闻职业的理想主义本质，那还是趁早去商学院或者别的什么学院。常常有学生问新闻这个职业有什么前途，有什么前途我说不太好，因为每个人要的前途不同，但是我可以说的是：很少有新闻人为自己从事过新闻而后悔。这就是所谓的初心，犹如种子，一旦播下必会生根发芽；更如航标灯，虽然在风雨中会明灭不定，但却永远不会熄灭。

在新闻体制上，我要坦白我是彻底的自由派。不是说我不赞成新闻媒体应该有社会责任。但是，责任是第二位的，况且新闻为公共服务的界定已经确定或者隐含了社会责任。我认同已故著名美国新闻学家梅里尔（John Merrill）的观点：没有自由，何谈伦理？没有自由，何谈责任？如果必须谈责任的话，新闻媒体的首要责任是捍卫自由。

我坚持新闻的客观性，虽然这是一个充满争议的概念。但争论的原因多是出于定义的含混而产生的误解。首先，客观不是"无我"，而是"有他"，是"我"站在"他"的角度来观察问题，"他"是为了"我"。其次，客观不仅仅是理念，而是历史形成的一套专业操作规范，包括准确、核实、平衡、公平等。一如鬼有鬼道、神有神道，客观是新闻专业主义接近真相的方式。

但是，客观不等于没有立场。新闻不应该站队（take side），但是必须站位（take a stand）。这个立场，首先是真相的立场、人道的立场、正义的立场。比如，对于基本的历史事实，诸如纳粹的种族灭绝，对于人的自由平等权利，怎么能没有立场？

我认为"人"大于"记者"，因而人性大于新闻性。密苏里新闻学院首任院长威廉斯（Walter Williams）说过一句名言：优秀的新闻，敬畏上天，尊重人性。用中国话来说，就是"天地良心，以人为本"。这也是为什么在媒介伦理上，我推崇康德的道德律，人永远是目的，不是手段。

写这些文字的时候，不仅仅想到了康德，更想到了那些为了新闻的道德感召而依然坚持在一线的同学、朋友和学生们，是他们的行动，而不是我这些文章，捍卫着我所宣扬的信念，使我有勇气站在讲台上面对我的学生，也有勇气把这些文字呈现在读者您的面前。

也许有那么一天，我们所有的坚持和努力都是枉然，被现实碰得头破血流，一如一句诗所说的："历史都打着呼哨过去了，傻子还站在这里哭个什么？"然而，我们至少可以说：错的不是你，而是这个疯狂的世界。

2017 年 11 月
于美国明尼苏达州圣云小镇

目 录

第 1 章 │ 新闻生死劫

什么样的报纸会死？没人读的报纸会死。然而，报纸死亡是个伪命题，新闻（journal-ism）是否也跟着死了才是大是非。

开篇要谈的是新闻的生存问题。

新闻一词限定为专业主义新闻，对应的英文为 professional journalism，在这里指的是以报纸为代表的传统新闻业（the news media）和其承载的新闻传统（journalistic tradition），包括价值、理念、伦理、操守等。重点讨论两点：第一，为什么说报纸死亡是个伪命题；第二，为什么新闻不能死，或者说死不起。只有首先理清这两个问题，有关媒体融合、媒体转型、新媒体伦理挑战、新闻专业主义等问题的讨论才有地可落，才会有意义。如果专业新闻的生死无所谓，江山代有才人出，地球离了谁都转，那还哭着喊着去拯救个什么？

正考虑如何写这篇东西的时候，手机里蹦出一条推特消息：位于美国佛罗里达州的第二大报，《坦帕论坛报》（*Tampa Tribune*）于 2016 年 5 月 3 号突然关张了。我顿时打了个激灵，半天没回过神来。要知道，这份报纸可是媒体融合的一面旗帜，曾几何时，美国国内甚至世界各地的报纸都要去取经的，如今先驱怎么就变先烈了呢？

《坦帕论坛报》创刊于 1893 年，曾在 1966 年以出色的地方调查报道获得过普利策奖。在 123 年后，被竞争对手《坦帕湾区时报》（*Tampa Bay Times*）收购，具体价格没有透露，想必不会太体面。原以为只不过换个新主人，由此引发一些动荡，比如编辑方针的改变、人员裁减什么的，最坏的结果也不过是两家报纸合二为一。没想到资本做事很绝，没有丝毫的仁慈。新东家当即手起刀落，《坦帕论坛报》一命呜呼，所有订户转到新东家名下，网络域名都消失掉了，链接也被自动跳转到《坦帕湾区时报》的网站。老读者连去原网站上吐吐槽、哭一声的机会都没给。可怜这份业界口碑很高的百年老报就这样死掉了，还是被对手买了生生掐死的，想必死不瞑目。

报纸死亡是个伪命题

报纸关张近年来也算不上什么新鲜事。美国专门有家叫"报纸死亡观察"的网站，做了个报纸阵亡录，列举了美国各州 2007 年以来死掉的大大小小的报纸，足有几百家。2009 年，在业界很有影响的《洛基山新闻报》（*Rocky Mountain News*）悲壮谢幕。油管上有一段资本方去编辑部宣布关闭报纸的现场录像，是现场的记者边听着自己被解雇的消息边录制的，可谓恪尽职守。干了一辈子记者，最后采访、报道的竟然是自己报社死亡的消息，也实在够悲催的。

《坦帕论坛报》的死让我几天都唏嘘不已，无法释怀。这家报纸在 1999 年就开风气之先，与属于同一家公司的电视台合二为一，从而成为美国第一家或许也是世界上第一家搞媒体融合的报纸，一度是媒介融合的样板。无奈父母之命不是爱情，捆绑不是夫妻，"婚"后冲突不断，非但没有融合，干脆水火不容。这也难怪，在美国新闻界看来，报纸和电视根本就是两种不同的动物。勉强维持了三年后，2012 年，报纸被原公司剥离抛售。接手的革命资本财团（Revolution Capital Group）当时信誓旦旦说要长相厮守，没料想不到七年就痛下杀手，甩下了包袱。

这家媒介融合的先驱以死昭示了媒体融合道路的艰难，也证明了通过组织合并来进行媒体融合是行不通的。

紧随其后的有《图桑公民报》（*Tucson Citizen*）的黯然休刊。坏消息一串又一串地撸不完。美国报纸的死亡由先期的朝野震动，到如今早已见怪不怪了。

但如此规模的报纸死亡对于美国社会的触动毕竟很大。对美国人来说，报纸不仅仅是张新闻纸，它也是政治参与、捍卫自己权利的信息来源，更是一种生活习惯。俗话说，晨起三件事：洗澡、吃饭、看报纸。想象一下，一直作为早餐伴侣的报纸突然断掉了，犹如老烟枪没了尼古丁，小白领缺了咖啡因，浑身不自在，看哪儿哪儿别扭。曾几何时，美国小康人家的生活是早餐桌上的面包、牛奶和早报，以及劳累一天后，等在家门口的猫、狗和晚报。

当然，报纸的衰落不止于美国，环球同此凉热。2016 年 3 月 26 日，英伦半岛的天气乍暖还寒，最难将息。英国的《独立报》（*Independent*）终于撑不下去，出版了最后一期纸版。要说这《独立报》可不是一般的报纸。它是 1986 年由《每日电讯报》的三名记者创办的。三位报人厌倦了英国新闻纸上政治的陈腐和娱乐八卦的轻浮，决心办一份有理想有热血有担当的新闻纸。第一周发行量就达到了 50 万份。也许这 50 万对于中国人来说，听起来就不算个数，可你要知道英国的总人口才 6 000 多万，不抵一个河北省，说实话还没国庆长假堵在路上的中国人多。《独立报》苦撑了三十年后，终于为自己发了悼词。这天的头版除了大字号的报头，只在版面中央印了两个鲜红的粗体字：停刊。第二版便是自己写给自己的"悼词"——最后的社论。社论写道："印刷机已停，油墨已干，纸张也不再在手里窸窣弯卷。"凄凄惨惨戚戚，好不哀伤，这篇"葬报词"读起来让人不由想起黛玉葬花。

报纸的衰落其实早在 20 世纪 90 年代末期业已开始，到 2008、2009 年，在互联网和经济危机的双重打击下，报业倒闭呈现多米诺效应。

由于各种原因，21 世纪初的前十年，中国的纸媒尚在黄金期，风景这边独好。美国到处喊狼来了的时候，国内的新闻业界则是歌舞升平，理想和热血充满报纸的字里行间。《南方周末》1999 新年献词的标题就是"总有一种力量让我们泪流满面"，要"让无力者有力，让悲观者前行"。报社老总财大气粗，自信满满。2008 年《广州日报》的广告收入达到了 22 亿。2008 年北京奥运过后，笔者曾应邀到中国西部一家当时如日中天的报纸去做个报告。鉴于当时美国报业出现的问题，我准备谈谈报纸的死亡。报社很重视，专门安排一下午的时间，通知了报社上百人参加。中午吃饭的时候，报社老总在聊天时不经意问了一句，下午的题目是什么。我说是报纸的死亡。老总的脸耷拉下来了，说这个有点夸张了吧？气氛立时有些尴尬。我心想，确实不太妥当，人家日子正红火，你当头泼什么冷水？可惜，PPT 都准备了，改也来不及了，只好补救一下，把题目改了一个字，变成了"报纸的消亡"，消亡总比死亡听起来好些。

如今不到十年的时间，中国传统新闻业已是穷途末路，面临市场和体制的双重压力，腾挪空间有限，经营状况每况愈下，新闻人出现集体大逃亡。根据清华大学新闻与传播学院发布的《中国传媒产业发展报告 (2016)》的数据，报业广告和发行收入大幅下滑，电视广告市场发展疲软，下滑趋势明显，报纸面临生死时速，2014 年中国停刊或者休刊的知名报纸数量约为 10 家，而 2015 年这个数字增长到了 30 家左右。这还得亏中国特色的新闻体制，如果完全市场化，还不知道要死多少。

报纸真的无可救药了？2008 年对这个问题有些争论和不确定不足为奇，现在这个问题则基本成了伪命题。所谓伪命题，有两层意思：一是该问题已经被活生生的现实证明，不再是个问题；二是说问题本身压根儿就似是而非，掩盖了重要的真问题。就报纸死亡来说，两层意思都有了。那种在白纸上印满密密麻麻消息的新闻纸绝对是濒危物种了。事实上，报纸死不死已经不是问题，何时死亡才是问题，或者说已经死了也不为过，连《纽约时报》的发行人阿瑟·舒兹伯格都在 2007 年的一次访谈中说："我真的不知道五年后我们还印不印。"

《纽约时报》依然在印，实际上《纽约时报》的数字转型还转得蛮漂亮。但即使说《纽约时报》现在日子还行，也并不说明报纸可以起死回生。以《纽约时报》为例来说明报纸不死没有太大的说服力，因为《纽约时报》这世界上只有这么一家，它的成功模式并不一定能复制。中国有句俏皮话，叫西施可以做的，东施真不一定能做。再说了，《纽约时报》的纸质产品也在大幅收缩，经营好转的根本原因是网络付费订户的增加。

如果要问什么样的报纸会死，答案非常简单：没人读的报纸会死。早在 2005 年，美国学者戴维·明迪迟（David Mindich）写了一本书，名字就叫《为什么 40 岁以下的美国人不追新闻》❶。现在，当时那些最年轻的读报人起码五十多岁了，那十年后呢，二十年后呢？前不见古人，后不见来者了。

美国皮尤研究中心的一份研究报告发现：美国人上脸书的频率超过了读《圣经》。这个好像没什么可大惊小怪的，比较吓人的是三分之二的人是通过脸书来获取新闻的，如果考虑获取新闻的其他手段，那留给报社或者电视台的空间就太可怜了，结果是为谁辛苦为谁忙，到头来为社交媒体做了嫁衣裳。更要命的一个发现是，超过四分之一的人在如厕时看脸书。当时我看到这条结果，心里说完了。要知道多少年来，如厕是同报纸联系在一起的，有个老相声里面的梗说得好：你说我当领导占着茅坑不拉屎，那办公室里为嘛天天丢报纸?

其实在这个问题上也不用掉太多的书袋和列举太多的数据,我讲一件亲身经历的小事,你可以感觉感觉报纸是否气数已尽。

我每学年都开一门本科生的专业课:新闻采访与写作。这是门实务课,要在干中学。因为跟当地的报纸老总很熟,就免费为全班订阅了报纸,每天一早准时送到教室。一开始放在门口的凳子上,好让每一个进门的学生取去阅读。让人沮丧的是,往往一摞报纸放到晚上都还是高高地立在那里。后来干脆直接放在学生的课桌上,压在电脑的键盘上,看你看不看。可下课后一看,同学们对报纸依然秋毫无犯,我还得去收拾桌子上的报纸。终于有一天忍无可忍,怒火中烧,在课堂上发飙,质问:"真是搞不懂,你们为什么不读报纸?"大家都低头不语。下课后,一名学生怯生生地过来安慰说:"教授,别太生气。我们不是不读报纸,而是我们根本什么都不读(we just don't read)。"

其实也怪不得学生,最近的一个调查发现,几乎超过一半的报社记者自己都不读报纸。

所以,没人读的报纸肯定长不了。但真正的问题不是报纸的死亡或者其他某种媒介的死亡,而是新闻传统——特别是它所坚持的一百多年的一系列专业理念是不是要亡了?是得了病,还是自然衰老?是病入膏肓,还是可以挽救?美国皮尤研究中心出版的《美国新闻媒体现状报告》总结道:2015 年,传统媒体不仅报纸,电视也日薄西山,况且电视节目离新闻越来越远。奥巴马在 2016 年的白宫记者招待会上的一句调侃实在是戳到了点子上。他说,某某著名记者离开了新闻而去投奔了 CNN。

为什么新闻不能死?

不能死不是说死不了，而是死不得的意思。在讨论这个问题之前，首先需要厘清一个语言的问题。英文的许多词没有对应的汉字，在讨论问题的时候往往造成混乱。比如，中文"新闻"对应的英文词不是一个，而是两个，一个是具体的新闻事件、消息（news），另外一个是新闻理念和实践，英语为 journalism。

作为事件的新闻（news）当然不会死，只要人类有好奇心，就一定会有 news。但有 news 不一定有 journalism。此新闻非彼新闻。后一种新闻（journalism）首先是一套专业的理念和操守，肩负追求真相、监督权力和提供公众论坛的政治使命。新闻作为第四权力，是民主社会的基石之一。新闻对于民主社会的重要性，不言而喻。总体来讲，民主与专业主义新闻荣辱与共，一损俱损。❷如果再较一把真儿，可以说新闻可以没有民主——因为无论从历史还是从现实来看，在非民主国家，依然可以有非常杰出的新闻专业主义，然而民主社会不能没有新闻。❸

为什么这么说呢? 我们可以从多个层面来回答这个问题。

美国宪政之父杰斐逊说："如果让我选择，是要没有报纸的政府，还是没有政府的报纸，我会毫不犹豫选择后者。"

密苏里新闻学院的创始院长沃尔特·威廉斯（Walter Williams）早在一百多年前就提出了《报人守则》，开宗明义地称："我相信新闻的专业性，我认为新闻是一种公共服务。"

所以说，新闻的灵魂在于公共性。民主的逻辑是公天下，新闻公共性的"公"也是这个意思。当然，任何一种商品都有公共性，但新闻的公共性不仅仅表现为大众消费品，消费不是目的，目的是让公众更好地参与公众事务。

当然，这些先贤大德的只言片语也许不太好作为必然的理由，因为他们有可能只是随性那么一说。比如，同样是杰斐逊，就在另外的场合说："报纸上没一句实话。"

那么我们可以看看当代最权威的专家学者的系统论述。

詹姆斯·凯瑞（James Carey）在其著作《文化问题》中直截了当地总结说："新闻和民主是一个东西，没有区别；只有在民主的语境中，新闻专业主义才有意义。我们甚至可以说，新闻就是民主的另外一个名字。"❹舒德森（Schudson）在《为什么民主需要一个不可爱的新闻界》一书中列举了新闻在民主社会的七大功能后总结说，新闻界对于民主社会的健康发展不可或缺。❺

当然，这些论断基本基于规范理论的层面，也未必那么可信和可靠。那我们可以去看看现实的证据。社会发展的数据表明，独立和自由的新闻界同民主社会的健康度呈正相关❻，而大量的纵向和横向比较研究表明，民主能够促进政治稳定、经济发展和社会进步。著名哲学家、哈佛大学教授森（Sen）说："从历史上看，从来没有一个民主国家对另外一个民主国家发动过战争；在一个独立、民主和新闻自由的国家从来没有发生过大范围的饥荒，从无例外。"❼

也许有人会说，即使新闻不可或缺，但这一定意味着报纸或者说传统新闻不能死，就要自诩为无冕之王，世袭罔替？我们不是有朝气蓬勃的新媒体吗？

然而，新媒体能够担当和不辱使命吗？

传统新闻媒体衰落以后，新闻的使命和功能由谁来承担？如果我们说新闻不可或缺，那么社会就必须回答这个问题。

首先，传统媒体，特别是有着数百年历史的报纸，一直是新闻界（press）的代名词。它不是一个简单、普通的商品制造商或者服务商，而是民主社会权力制衡的一个关键所在，所谓第四权力。其次，它是作为一个政治、社会组织存在的，是一个组织起来的力量，只有这样的独立而又强大的组织力量，才有可能对抗各种利益集团和权力。

而现在这种力量已经弱到不能再弱。在美国，25 年前，每个国会议员都至少有一个报纸记者跟到国会去，监督他或她的一举一动，现在呢，每个州都摊不上一个。国会议员的身边围绕的不再是新闻记者，而是各种利益集团的说客。

那么，互联网和新媒体能够取代传统新闻媒体吗？人们过去对互联网赋予过于浪漫的民主想象，其实，任何一种技术和媒介都是中性的，它可以像谷歌那样负责，也可以像百度搜索那样商业至上。另外，该如何来界定新闻媒体？

谷歌是新闻单位吗？脸书是吗？不同于新闻媒体的寻求和报道真相，互联网公司的首要原则是盈利，而不是公共服务、寻求真相、监督权力等等。这也就不难理解为什么脸书老板扎克伯格一再否认脸书是个媒体。

社交媒体主要是个平台，即使在今天，传统媒体依然创造 70% 的原创新闻。退一步讲，国际和全国性新闻可以从平台获得，那小城市的新闻谁来负责？在民主体制下，我们知道任何政治都是具体和地方的，尤其在美国，联邦政府关门两周都没有问题，州政府关门相对麻烦一些，而市政府关门一天恐怕都受不了，比方说市里的警察局和消防队，一分钟都不能停工。而谷歌会关心、了解一个州的某个小城吗？如果地方媒体不在的话，又靠谁来监督同老百姓日常生活休戚相关的市政府呢？让自媒体的博客去开冗长枯燥的市政会议吗？

也许可以靠网民，但是，人们到网上主要干什么呢？人们去社交媒体的首要目的是社交，年轻人谈娱乐，青壮年谈科技，老年人谈健康，几乎没有人谈新闻。瑞典两位学者的研究表明，社交媒体上的讨论往往也是围绕主流媒体的新闻展开的。❽

也许可以靠政府透明公开，公民可以随时随地查阅和监督。但试想一下：一个上了一天班的父亲或者母亲，晚上会去政府网站查账目吗？又怎么能发现需要专业知识才能读懂的文件里面的猫腻呢？

那么依靠政客的良知吗？不幸的是，权力的本质恰恰是非透明和反民主的，即使奥巴马也不例外。在 2008 年的竞选中，奥巴马信誓旦旦要透明执政，而他在任八年，被美国信息公开法律中心认定为最不透明的一届政府；而需要提醒的是，奥巴马还是个宪法律师。

总而言之，可以没有报纸，但不可以没有新闻界。所以，每当学生问我对于当前报纸死亡问题的看法时，我就说："我为报纸致哀，我为新闻站台——A eulogy for newspaper；a defense for journalism。"当然，新闻业有这样那样的问题——公信力、倾向性问题等等。但一身毛病的看门狗，强过乖巧撒娇卖萌的汪星人。

没有新闻的社会没有未来，新闻专业主义的生死才是最重要的问题。传统新闻究竟是永垂不朽还是凤凰涅槃，我们看到了探索、挣扎，还看不到答案。

【注释】

❶ MINDICH D. Why Americans under 40 don't follow the news. New York：Oxford University Press，2005.

❷ SCHUER J. The big picture: why democracies need journalistic excellence. New York: Routledge, 2008.

❸ SCHUER J. The big picture: why democracies need journalistic excellence. New York: Routledge, 2008.

❹ CAREY J. Afterword: the culture in question//Munson E S, Warren C A. James Carey: a critical reader. Minneapolis: University of Minnesota Press, 1997: 332.

❺ SCHUDSON M. Why democracies need an unlovable press. Malden, MA: Polity Press, 2008.

❻ MULLER L. Comparing mass media in established democracies: patterns of media performance. New York: Palgrave Press, 2014.

❼ SEN A. What's the point of democracy?. Bulletin of the American Academy of Arts & Sciences, 2004, 57 (3): 10-11.

❽ JONSON A M, ORNEBRING H. User-generated content and the news. Journalism Practices, 2011, 5 (2): 127-144.

第 2 章

厨师与厨房，大锅饭与自助餐：新闻生产方式的革命

　　传统媒体在客观独立的旗帜下，犹如一个傲慢的厨师，只提供两种大锅饭：其一是厨师们或者营养师认为你必须吃的、有营养的，不管你喜欢不喜欢；其二是厨师觉得你应该爱吃的。如今，原来由厨子说了算的大锅饭的生产方式被颠覆，厨房禁地闯入了食客，成了开放式厨房，大锅饭成了自助餐。

传播科技革命从根本上改变了媒体生态，集中表现为生产方式的革命及由此带来的生产关系的重构。如果把新闻生产过程比喻成炒菜做饭的话，那么在传统的生产方式中，新闻工作者是职业厨师，而厨房则是新闻编辑室（newsroom），经营模式是大食堂、大锅饭，谢绝点菜，吃什么厨子说了算，而且定点定时。而现在呢，原本的"吃货"参与到烹饪和配送过程当中，厨房不再局限于新闻编辑室，而是前移到了随机的新闻事件现场，是开放式厨房。消费者享受自助餐，也可以为自己开小灶，加工适合自己胃口的饭菜，当然还可以自己摆摊，经营各类小吃。这种生产方式的改变是革命性的，涉及新闻生产以及社会关系的方方面面。

在讨论上述问题之前，有必要简要回答一个质疑。有朋友不太同意报纸已死的论点，理由是目前还有不少家报纸活得不错，像《纽约时报》《华尔街日报》等，国内也有《新京报》，去年广告收入据说不错，年底发了不小的红包，因此，报纸会在相当长的历史阶段存在，印刷机还要转，油墨还得滚。对这一问题的回答可以非常粗暴简单：且不说美国的这两家明星报纸目前的经营状况只是略有改观，其纸版的订户数和零售仍在急剧下降，有点起色的是网络付费订户，就说这种反弹究竟是因为特朗普上台以后一时的情绪反应，还是真的意味着传统新闻的起死回生，还需要时间来验证，而报社本身也正在努力转型成一个以网络和数码出版为主的新闻信息服务商。即使报纸这个媒介形式十年二十年甚至一百年以后仍然存在，也并不说明什么问题。好比瓷器，天青色、釉里红当然有，但已经基本失去了它们原有的功能、存在价值和意义。如果非坚持说也有使用价值的话，充其量也不过像老唱机和黑胶唱片一样，但此种存在同以往的存在不可同日而语，此报纸非彼报纸也。

自杀、他杀还是自然死亡？

孔夫子说"未知生，焉知死"，我们这里则说"未知死，焉知生"。弄清楚传统媒体究竟是怎么落魄至此的，才有可能痛定思痛，自我救赎，抑或起死回生，凤凰涅槃。

关于传统媒体没落的原因众说纷纭，总结起来无外乎三种：自杀、他杀和自然死亡。

自杀说认为所谓互联网杀死了传统媒体是个迷思（myth），因为早在互联网出现以前，报纸就已经衰落，主要原因是新闻媒体长期自己不争气，报道方向、内容和职业操守都出了严重问题，出现了一系列的丑闻，辜负了公众的信任。《华盛顿邮报》记者珍妮特·库克（Janet Cook）1980 年捏造了八岁儿童吉米吸毒的故事，事情败露后由此获得的普利策奖被收回。1998 年《纽约时报》记者杰森·布莱尔（Jason Blair）公然大规模抄袭，编辑部那么多关口居然都没有发现。同时，电视媒体过度娱乐化，一切向收视率看齐。传播学家乔治·格布纳（George Gerbner）毕生都在为美国电视的暴力与色情而忧虑。已故著名媒体评论家、前纽约大学教授波兹曼（Postman）写出了警世名著《娱乐至死》，认为电视成了一种负能量，腐蚀了整个社会，将一切问题，包括严肃的政治、社会问题娱乐化，导致一切公众话语日渐以娱乐的方式出现，并成为一种文化精神。政治、宗教、新闻、体育、教育和商业都心甘情愿地成为娱乐的附庸，其结果是人类成了一个娱乐至死的物种。

公众对新闻媒体的信任度一路下滑。盖勒普公司自 1972 年开始，每隔一年都会调查公众对媒体的信任度。结果显示，到 20 世纪末，信任媒体的人占比已经滑到了不到 50%，到 2017 年，更是低到了 31%，要知道 1976 年，约有 76% 的民众信任媒体。常言说，自作孽不可活，所以说传统媒体的死亡是咎由自取也不是没有一点道理。

他杀，顾名思义，指的是非自身原因造成的死亡。通常的说法是互联网扼杀了传统媒体，传统媒体的死亡是因为新媒体篡位。互联网从出生开始，就是个寄生虫，一口口地从吸血虫壮大成一个猛汉，边吸血边拼命唱衰传统媒体。而传统媒体自己犯傻，把内容无偿放在网上，等醒悟过来，为时已晚，发觉自己必须依靠社交媒体这个渠道来推销自己。由于新闻本身没有版权，新闻集合类的应用可以用很小的成本来生产内容，将新闻改个标题，或者改写一下内容，就可以赢得流量和广告收益。需要强调的是，直至今天，70% 的原创新闻是由传统媒体，特别是报纸来提供的。目前畸形的市场模式是肥了小三，饿死原配。

另外一种说法与他杀意思相同却比较极端，说传统媒体的死因是资本和特殊利益集团的谋杀。资本通过兼并收购，把媒体由家族控制逐渐转为由华尔街资本控制。比如迪士尼就收购了美国三大电视网之一的美国广播公司（ABC）。对于资本来说，不管是新闻媒体还是娱乐媒体，都无非利润机器而已，同血汗工厂没什么本质区别。资本的逐利本性和本能，使它在公共利益和利润的冲突中不会选择公共利益。比较而言，家族控制的报纸，如以前的《华盛顿邮报》，为了捍卫价值理念和家族的荣誉，在财富已经充分满足的情况下，会不计成本和代价地支持新闻独立和自由。而被华尔街控制以后，念的就完全是资本的经，无论多么好的新闻，如果不能转化为财务报表上的数字，一切的付出就没有价值和意义。

所谓自然死亡，就是说自身没什么大问题，属于历史进程的自然淘汰。星星还是那个星星，月亮还是那个月亮，报纸还是那样的报纸，只是时过境迁，特别是读者喜新厌旧，电视来了追电视，网络来了追网络，借用一个当下的时兴词儿，是这届读者不行。

从历史上看，美国专业新闻的兴盛也就是百年左右的历史，新闻专业主义在 20 世纪初才初步确立，标志是业界对新闻公共性的认同以及新闻学科在大学的登堂入室。20 世纪一系列的风云变幻，包括两次世界大战以及随后而来的冷战等，都在客观上成为新闻的富矿，不但培育了有世界影响的大报，还造就了《时代周刊》《新闻周刊》《生活画报》等期刊。虽然报纸也经历了广播、电视的冲击，但每次都有惊无险。新闻专业主义到 20 世纪的 70 年代到达了顶峰，标志性的辉煌是五角大楼文件（The Pentagon Papers）和水门事件（Watergate Scandal）。新闻媒体名利双收，特别是水门事件，使当时《华盛顿邮报》的两个毛头记者一夜成名，书和电影的渲染制造了新闻记者掀翻总统的神话。其实早在 20 世纪 80 年代，美国的报业由于电视媒体冲击等，就遇到了关口。所幸的是资本的力量发挥作用，通过兼并组合，又迎来了第二春，总发行量达到了 6 000 万份。

新闻专业主义的神话也支撑了一个伪命题：我做的是有质量的新闻，而有质量的新闻必然可以得到政治、经济、社会、道德效益的多重丰收。实际上，这种成就感与其说是来自专业主义的胜利，不如说是新闻业的垄断地位造成的虚胖。新闻业被大集团控制，公众只能通过新闻媒体来获取信息，只此一家，别无分店，水货也成了高质量了。而且，这种垄断又培养了民众的依赖性，所谓新闻消费成了生活习惯。但是，这掩盖了一个悄然来临的致命危机：媒体在慢慢透支公众对自己的信任和依赖，即使所谓的习惯消费也不再灵光，因为读报的一代在衰老下去，而后面的没有跟上来。

20世纪60年代，美国战后出生的一代（baby boomer）已经长大成人，本该成家立业，关注政治，并由此而关注报纸，没承想这批"逆子"的青春叛逆期到了二三十岁还没完，对政治厌倦，玩世不恭，碰巧又赶上过度娱乐化的电视。电视如酒精、大麻一样，使人沉迷。在这个环境中成长起来的一代没有了读报的习惯。美国人早餐有早报、晚餐有晚报的生活方式，只有老一代在坚持。而不读报的这一代的儿女也父唱子随，对新闻更是不感冒，两代人形成了一个读者断层。这两代人到了20世纪90年代，分别到了中年和老年，而读报的祖父一代则享完了天年。这就是为什么美国新闻读者的平均年龄为60多岁，老化严重。到了20世纪90年代末，这个断层终于到了前台。换言之，即使没有互联网，由于这个断层，传统媒体的大限也已到。对于新媒体这碗"毒药"，传统新闻犹如《水浒传》里的武大郎，喝也死，不喝也死。

以上谈到的几种说法都有道理。但是，冷静分析，就会发现虽然这些说法里提出的问题都不小，可能会伤筋动骨，但总不至于致命。毕竟在民主体制下，新闻媒体是硬需。要使之灰飞烟灭，纵然是万事俱备，也还得等以社交媒体为代表的数字革命这股东风。

比如说新闻媒体的质量滑坡、公众对媒体的信任下降等等，似是而非，因为即使在传统媒体繁荣时期，其公信力也是反反复复的，而且从新闻的多样性和质量上讲，并无证据证明战后新闻在四十年间有什么明显下降，而同时期美国民众对美国国会和总统的信任度和认同度达到历史最低。也就是说，美国民众不单单是对媒体的信任下降，而是对整个体制失去了信任。

读者的流失当然是个重要原因，但也并非充分条件。比方说，在 20 世纪 90 年代初期，读者流失不少，但报纸和电视的利润并没有下降，还维持在 20% 到 40% 的水平，在沃尔玛的利润率在 5% 的时候，新闻媒体的利润简直就是暴利。

从根本上讲，订户和读者数量的下降都不是问题，因为最为要命的其实不是订户，而是广告商。无论订户流失多少，广告商不走，订户数也只是个数字而已。实际上许多报纸还故意砍掉许多边缘订户，比如通过提高定价，来节约发行成本，同时提高单位广告价位。价位提高了，而广告商并没有离开，为什么？不是不想走，而是由于新闻行业对传播媒介和平台的垄断，无处可去。

互联网的出现开始挑战这种生态系统。但是，初期的互联网，由于广告效果太差，虽然报纸的阅读量和用户出现了流失，但收入却下降不多。拐点或者噩梦的开始是网络分类广告 craiglist 网站的出现。此类分类广告服务等于是釜底抽薪。要知道，传统新闻媒体的商业模式依赖地方性商业广告，特别是分类广告。如果仅仅是网络的侵犯倒也罢了，报社和电视台也可以去上网，去抢地盘。可当传统媒体抢占了半天以后，发现老皇历不管用了，又有新游戏、新玩法了。这次是社交媒体。

厨师与厨房，大锅饭与自助餐

2009 年 1 月 15 日下午 3：30，美国航空公司一架空客 A320 由于机械故障，紧急迫降纽约。不过迫降的不是纽约的机场，而是曼哈顿旁边的哈德逊河。所幸的是迫降成功，155 名乘客和机组人员无一伤亡。而此时此地，一名来自佛罗里达州的名叫贾尼斯·克鲁姆斯（Janis Krums）的壮男，正在附近的轮渡上。他简直不敢相信自己的眼睛，一架飞机栽到了河里，惊恐的乘客都逃到了飞机的大翅膀上。贾尼斯掏出手机拍了照片并发到了"图像推特"（twitter. com）上，并写道：哈德逊河上落了架客机，我正在赶去救人的轮渡上。太疯狂了！发完他就救人去了，没承想自己一下成了明星记者，整个网站由于访问量太大都瘫痪了，几乎所有的新闻媒体都采用了这张现场新闻照片。

2011 年 5 月 1 日凌晨，在巴基斯坦边境城市阿伯塔巴德（Abbottabad），一个名叫索海布·阿瑟（Sohaib Athar）的 33 岁的电脑程序员，在家里听到了直升机的轰鸣声。他立刻在推特上发了一条消息。11 分钟后，他又写道："巨大的声响震动了窗户，希望别有什么糟糕的事情发生。"随后的几小时内，他不停地推特他听到的动静，直到白宫宣布奥巴马要在周日发表全国讲话。他猛然意识到：直升机和奥巴马要开发布会有关，而在过去的几小时内，他一直在推特一个惊天新闻：抓捕本·拉登。他的推特账号在 8 小时内多了 4 万粉丝，一周内达到了 10 万多，报纸、电台、电视台都来采访。不堪其扰的阿瑟不得不在推特上发最后声明："本·拉登死了！但不是我杀的，请让我睡会儿吧！"

以上两个案例有里程碑意义。两个吃瓜群众无意中抢到了独家新闻，不仅仅是像以前那样发个帖子凑凑热闹，而是居然干了主流媒体的活儿。这生动说明，新媒体特别是社交媒体已经彻底改变了新闻的生产方式。以前所谓的受众不再仅仅是被动的消费者，而是新闻生产的参与者。特别是在突发新闻的报道上，专业新闻根本就拼不过在现场的当事人和旁观者。媒介生态系统发生了根本变化，怎么个变化呢，我们不妨套用一下马克思资本主义生产方式和生产关系的理论来讨论一下这个问题。

马克思认为生产方式是技术生产方式与社会生产方式的统一，前者是劳动者同劳动资料的结合，而后者是劳动的社会组织形式。从这个意义上讲，信息传播科技作为生产资料，开始同广大的普罗大众结合。传统的生产方式决定了传统的生产关系，新闻信息消费者不可能拥有生产资料，你可以买一份报纸但买不起一家报社，你可以买一台电视而买不下一家电视台。即便是简单的生产工具——印刷机、摄像机也是非常昂贵的。

说来有些好玩，新闻媒体这个民主公器，其运作方式却是实实在在的精英控制，其生产过程既不够透明也不够民主。编辑和记者是无冕之王。新闻媒体在客观独立的旗帜下，犹如一个傲慢的厨师，只提供两种大锅饭：其一是厨师们或者营养师认为你必须吃的、有营养的，不管你喜欢不喜欢，比如一些重大的而又枯燥的政治议题，包括国际新闻；其二是厨师觉得你应该爱吃的，比如一些哗众取宠的软、硬新闻。在传统的生产模式中，因为缺乏沟通手段，观众喜不喜欢、对不对口味得不到及时有效的反馈。虽然报纸也经常做一些受众调查之类，但其作用有限。一是受众的意见未必得到重视，二是调查结果可靠度不高。鉴于社会预期的压力，有些东西虽然不喜欢，却为了显得自己高大上或者政治正确而说喜欢；有的东西虽然心里喜欢，但谁也不想暴露自己的"低级趣味"，或者不上档次，即使匿名也会从心理上排斥。科瓦齐（Kovach）和罗森斯蒂尔（Rosenstiel）编著的《新闻的十大基本原则》一书基于大量的社会调查，列举了观众认同的新闻十大原则。❶但实际上呢，福克斯电视网的节目既不公正也不平衡，但其收视率总是压过 CNN，严肃话题、国际新闻就是很难有受众。况且从根子上讲，美国新闻界精英意识根深蒂固，对大众的理性持怀疑态度，即使在四面楚歌的今天，其傲慢依然不减，比如尼基·乌社尔（Nikki Usher）在《纽约时报的新闻生产》（*Making News at The New York Times*）一书中披露，

某位名记者每天都收到大量来自读者的 Email，可基本看都不看就删了。❷

　　如今，原来由厨子说了算的大锅饭的生产方式被颠覆，厨房禁地闯入了食客，成了开放式厨房，大锅饭成了自助餐。在传统的生产方式中，新闻是作为一个成品推出的，是经过媒体一套严格的、封闭的把关程序审查过的成品，而现在更多情况下，新闻不再是个成品，而是半成品，或者是个过程。正如加拿大学者艾尔弗雷德·赫尔米达（Alfred Hermida）所言：新闻的制作过程从新闻编辑室转移到了一个公共的平台——比如说推特和脸书，新闻在这里发表、分享、被验证。❸更重要的一点是，过去的生产流程也被颠覆：过去是先过滤再发表，现在是先发表再过滤。著名新媒体专栏作家吉尔摩（Dan Gillmor）进一步说："我们过去老说新闻工作者是历史第一稿的起草者，不是了，再也不是了；身临现场的大众才是历史第一稿的起草者。"

　　当然，生产方式的改变、受众的参与，并不一定意味着业余要取代专业。但职业新闻工作者必须学会如何同受众合作。新闻媒体在认识到问题和困境的同时，对新闻专业主义的未来要保持信心，不要把对饭碗的担心等同于整个职业的末日。从历史的角度看，正像音乐界没被数码化和网络分享打垮，医疗网没有使医生失业一样，新闻媒体一定会找到一个有效而能持续的生产模式和盈利模式。这个模式目前还在探索实验当中。无论如何，它都不应该是机械的、浅层次的所谓媒体融合，或者社交媒体的简单跟风，而是必须从观念上、组织上和行动上，洗心革面，脱胎换骨；不仅仅是换换马甲，赶赶时髦，而应该是浴火重生的凤凰涅槃。

【注释】

❶ KOVACH B，ROSENSTIEL T. Elements of journalism：what newspaper should know and the public should expect. Revised and updated edition. New York：Three Rivers Press，2014.

❷ USHER N. Making news at The New York Times. Ann Arbor，MI：University of Michigan Press，2014.

❸ HERMIDA A. Tell everyone：why we share and why it matters. Toronto：Doubleday Canada，2014.

第3章 | 凤凰涅槃：再造新闻编辑部

新媒体对传统媒体最根本的影响是改变了新闻的生产方式，进而改变了新闻生产的社会关系。再具体一点说，新媒介、新工具、新平台、新渠道不仅改变了新闻采集和呈现的物理空间，而且改变了由此而来的新闻产品、日常程式和编辑部文化（newsroom culture）。改革必须彻底，像蛇一样蜕一层皮注定还是条蛇，而新闻媒体的变革必须从根本上改变，要凤凰涅槃，浴火重生。

麦克卢汉有句被用烂的话，叫"媒介即讯息"，其出发点和落脚点无非是强调技术在人类社会发展中的决定作用。媒介不仅是内容生产的工具和载体，媒介本身也改变了人类感受世界、认知世界和表达世界的方式。麦克卢汉的老师、多伦多流派的鼻祖英尼斯在《传播的偏向》（ *The Bias of Communication* ）一书中有句更为直接的名言："一种新媒介的长处，将导致一种新文明的诞生。"❶

沿着这个思路，就会发现新媒体对传统媒体最根本的影响是改变了新闻的生产方式，进而改变了新闻生产的社会关系。再具体一点说，新媒介、新工具、新平台、新渠道不仅改变了新闻采集和呈现的物理空间，而且改变了由此而来的新闻产品、日常程式和编辑部文化（newsroom culture）。单就编辑部来讲，记者和编辑的工作空间被大大拓展，不仅仅局限于单向的物理空间，而是物理空间、虚拟空间和象征空间三个空间的交汇和融合。如果再加入受众方面的各种因素，可以说新闻生产的生态环境已经发生了全方位的改变。

既然媒体生态环境改变了，那媒体自身就必须要变。变不一定生，但不变注定死。

从 20 世纪 90 年代末开始，媒体融合和媒体转型就成为业界的热词，新闻媒体进行了各种各样的尝试，试图找到适合新的媒介环境的生产方式和盈利模式，无奈效果不佳，像是一个久病的老人，气喘吁吁追逐一阵阵变幻不定的风。这种跟风跑的转型注定没有出路。正如得克萨斯州立大学奥斯汀分校的阿尔维斯（Rosental Alves）教授所言，现在正在发生的不是什么媒体转型蜕变，而是媒体灭绝（media-cide）。❷以往的经验似乎也支持这种观点。比如 2016 年 5 月刚刚死掉的《坦帕论坛报》，一度曾是媒体融合和改革的先锋和样板。为什么没有成功？一种说法是心不够狠，动作不够大，力不够猛。也就是说，改革必须彻底，像蛇一样蜕一层皮注定还是条蛇，而新闻媒体的变革必须从根本上改变，要凤凰涅槃，浴火重生。

媒体融合也好，数字化转型也好，学者可以口吐莲花掉书袋，而对业界来讲，再好的设想，落地才有意义。具体到编辑部这个生产车间里，简单合并或者增加部门，雇用几个技术控是解决不了问题的。编辑部必须重构再造，落实下来就是组织结构，是职位，是人；再往细了说，可以具体到办公桌椅的摆放。正如麻省理工学院教授凯恩（Gerield Kane）所说的：数字转型从根本上来讲，既不是关于数码也不是关于转型，也就是说不是关于新技术的使用，关键是新技术对生态的改变，这种状态的改变要求完全不同的做事方式。❸

依据、信念与方向

任何战略设计和行动方案的制定，首先得有依据；没有依据呢，起码得有个信念或者假设的前提，由此对大方向有个基本的判断，哪怕是错的判断。媒介革命是全方位的变革，错综复杂，关系到政治、经济和社会的各个层面，而最大的问题是媒介革命是正在进行时，存在巨大的不确定性，今天风靡一时的技术，可能一夜之间就会被抛弃。何况在这场媒介革命中，传统媒体并不是领跑者，而是被动跟跑。所以，大的方向和信念就显得特别重要。摸石头过河的前提是知道河岸在哪里，否则就成了为摸石头而摸石头了。

这些战略层次上的认知可以有多种来源：大脑、眼光、经验，当然也少不了胆识。从近二十年的媒体融合和转型实践以及目前传播技术的发展前景来看，至少有下列几点是相对清晰确定的：

（1）纸媒没有未来，因而以纸媒为核心的生产体系必须改变。

（2）受众参与到新闻的生产过程当中，传统媒体在速度上和信息源上不具备优势。由此来说，新闻的"新""快""多"都不是核心竞争力。

（3）媒体世界更加图像化。目前火的是视频，接下来则马上是虚拟现实。据《埃里克森 2015 年移动报告》，2015 年，视频占了移动网络的一半流量，2021 年将达到 70%，在此期间，每年会以 55% 的速度增长。

（4）传统新闻媒体的优势在调查和深度报道。在传统的新闻要素的五个 W 和一个 H 中（What, Who, When, Where, Why and How），前面四个 W，传统媒体已没有优势，其优势在 Why 和 How。当然，如果能够更进一步，处理好另外一个 W，so-What（影响）和一个 S，Solution（解决方案），当然是再好不过。

（5）新闻信息的消费过程更重社交媒体的推送和分享，更重体验，竞争加剧。

（6）受众面对的诱惑太多，酒再好也怕巷子深。受众必须去寻找、去培养、去吸引和"拉拢"。

当然，还有新闻专业主义这些形而上的问题，比如说新闻使命、价值和公众利益等，这是新闻的灵魂，至少在嘴上没有一家媒体不买账。没有了公共性，一家新闻媒体再赚钱、再漂亮，同人民群众又有什么关系？

以上的几点大家都看得很清楚，取得共识也不难，但落实起来却没那么简单。媒体生产是个专业性很强的过程，非常规范化和程式化，坚持下来就成了传统，成了文化，而这种文化是根深蒂固的。许多时候，所谓观念的改变也只是停留于观念的改变而已。绝大多数抽烟者都知道抽烟有害，可单凭观念的认同是戒不掉的，必须同时改变环境，比如公共场所强制性禁烟。

因此，一个报社的改革方案最终需要落实到编辑部的重组上，从职位的设置到相互的关系，每一个变动直接影响到新闻的生产。新闻编辑部结构变化的背后是生产方式和人的关系的改变，是文化的改变，正如四合院有四合院的文化，单元房也会伴生单元房的文化。

货比三家：《纽约时报》、甘尼特集团和《华盛顿邮报》

1. 《纽约时报》：坚持卓越，数字领先

《纽约时报》是行业标杆，一举一动牵动着美国乃至世界新闻界的神经。近些年，《纽约时报》拨出专款专人，在媒体融合方面一直进行着多种尝试，获得普利策奖的专题报道《雪崩》（Snow Fall）乃典范之作。11 个人的团队用了 6 个月时间，花费了 25 万美元才制作完成，宛如新闻的好莱坞大片，文字、图片、影像、数据、3D 等多方位呈现，上线一星期内的浏览量就达到了 360 万。但如此不计成本的大制作，连《纽约时报》自己都承认这种奢华只能偶尔试验一下，当不得日子过的。

2016 年 2 月，《纽约时报》一改以往多做少说的低调，推出了名为"2020 编辑部"的改革计划。总编辑在给全体员工的一份备忘录中，谈到了一系列的变革措施。一些已经开始实施，另外一些则确定了大致走向，正

在酝酿操作的细节加以落实。为此，《纽约时报》专门成立了一个由主编、国际部主任、编辑部主任、美编主任等组成的重组指导小组。

《纽约时报》的新闻编辑部改革计划的亮点包括：

（1）做权威的专业新闻。事件性新闻不再是重点，因为读者可以随意在网络上看到。别人能做的我不去抢，别人做不了的我来做。

（2）减少本地报道量，因为超过一半的订户并不在纽约。

（3）加强视频内容，文风更加口语化。

（4）编辑不再考虑版面，而是全身心投入到内容采写呈现上。

（5）版面编辑部（copy desk，主要是校对和事实查证等）要重新设置。

（6）打破以往以行业为主的部门组织结构，比如时政新闻、经济等，化整为零，大部门变成灵活机动的小团队。

改革的直接目标是到 2020 年，来自数码的收入翻倍，数码订户也翻倍。

从目前的情况来看，发展势头不错。2017 年的数据表明，网络付费订户有显著增加，网络的营业收入在全部收入中已经达到了 60%，而以往也就不到 30%。

2. 甘尼特集团：激进彻底，受众第一

甘尼特是美国最大的报业集团，旗下有美国全国性的《今日美国》和数家地区性大报，更有众多的小城市报纸。小报关乎社区，而社区在美国政治体制中的地位非常重要，所以这些小报对美国政治的影响不容小觑。

早在两年前甘尼特就开始自上而下实施一项对外称作"未来新闻编辑部"的改革计划。这项在内部称为"毕加索计划"的新闻编辑部改革计划，动作之大，变革之彻底，可以用洗心革面、伤筋动骨来形容。什么样的改

革可谓彻底？说白了，就是要触及人和人的饭碗。这次重组完全抛开了原来的架构，重新设置、命名岗位。集团一竿子插到底，要求所有的职位必须完全按照 16 种职位来设置，全员竞聘上岗，上至总编下至年轻记者，都必须按照新列出的职位来竞聘。在这 16 种职位中，不少职位根本就没听说过，比如，受众参与编辑（Engagement Editor）、写作指导（Writing Coach）、受众分析师（Audience Analyst）等等，而原来的许多职位都不见了踪影，比如摄影记者、校对、编排等。这项改革计划先是在部分城市单位试点，随后在全集团铺开。然后就是一系列的网络考评指标，包括流量转载率、分享率等等可以实时量化的指标。

编辑部门的不少新职位同新闻的关系不大，比如上面提到的受众参与编辑，所做的工作更像是公关和销售。他需要了解社区，需要通过各种渠道和手段来拉拢和巩固关系，这些在以前是新闻媒体所不耻或者不做的。受众分析师呢，通常为大家解释浏览量等指标，并提出解决的方案。

另外一个大的变化是减少了中间环节，比如部门主编等，实行扁平化管理。

甘尼特集团这样的伤筋动骨的重组，使业界和学界惊诧不已。有人批评说，现在的重组实质是资本的把戏。全员竞聘的直接结果是一大批老记者被淘汰出局，而这些老油条记者抑或正是新闻产品品质的保证。从近期看，声色不动地轰走了一批高工资的人，可能省了人头费，但从长远来看，也许是杀鸡取卵。所以有人说，这样以人事部门主导、以增收节支为目标、以开人为基本手段的改革，实在有些急功近利，后患无穷，充其量是有利生意，不利新闻（good for business but bad for journalism）。但是，当主导改革的是商学院的 MBA 的时候，这样的做法也就不足为奇了。

3. 《华盛顿邮报》：资源匹配，人财两旺

2013 年，亚马逊的创始人杰夫·贝佐斯（Bezos）以 2.5 亿美元的价格从格林汉姆家族手中买了《华盛顿邮报》，当时许多人惊讶于如此聪明的一个新媒体大佬怎么去买了一家注定死亡的报纸。成交后，贝佐斯立刻又投入了三千万美元来启动和支持一系列新举措，其中包括聘用了人称当今最好的新闻编辑的马丁·拜伦（Martin Baron）来做总编。这个拜伦就是 2016 年奥斯卡的获奖影片《焦点》主人公的原型。

相比《纽约时报》的谨慎，《华盛顿邮报》的手脚放得很开。2016 年，《华盛顿邮报》乔迁新居，从同印刷厂合用的办公楼搬到了新媒体公司才有的非常前卫的办公大楼。在新的编辑部里，工程师和数据科学家同新闻记者坐在了一起，更夸张的是公然把新闻作为一件商品来讨论。这同老邮报的传统大相径庭。要知道，长期以来，美国的新闻编辑部从骨子里是排斥技术控的，绝好的例证是在搬到新办公楼之前，《华盛顿邮报》的数码部居然一直都离群寡居在出了华盛顿市区的阿灵顿。

幸而新老板不但钱多而且不乏新闻专业主义情怀，很快就赢得了报社同仁的认同和尊重。贝佐斯当然也充分利用自己的资源来帮助报社的发展，比如通过与亚马逊的绑定，来为报纸争取到更多的网络订户。

《华盛顿邮报》的改革结果，目前看来相当不错，两年间，报社不但没解雇员工，反而还聘用了 140 名记者，获得了两项普利策奖，网络流量翻倍，在 2017 年的 11 月一度超过了《纽约时报》。要知道《纽约时报》有 1 300 名员工，而《华盛顿邮报》只有 700 名。

据最新的统计，《华盛顿邮报》的数码订户增长了 145%。这是个了不起的成绩。

亮点与阴影

第一，变革是自上而下、以资本为主导的，变革的市场导向非常明确。

第二，三家的改革，《纽约时报》和《华盛顿邮报》比较接近，宝压在自家的优质产品和服务上，信念是好的产品一定有人埋单，商业模式是分段付费墙。付费墙在过去的效果不是太好，因为它直接挑战了网络就该免费的大众心理。可以让人增强信心的是，随着人们观念的改变，付费墙目前势头良好。

第三，编辑部内编辑和记者角色的重新定义。传统上，特别是报纸，记者要负责的无非是把一篇稿子采好、写好，如何成为产品则是编辑特别是版面编辑的事，而推广是发行部门的事，广告是广告部门的事。而如今，记者需要为整个新闻的生产、包装和推广负责。记者不但要写稿，而且要营销，这多重角色的混搭对传统的新闻客观性、独立性提出了挑战。

第四，新闻生产以数字出版为中心，脱离了整个系统围绕报纸转的模式。编辑部变革以前是条框管理，融合了半天，还是两张皮，搞新闻的和搞技术的就是弄不到一块儿去，多数情况下，数码依附在纸媒上面。而现在则明确报社的定位是新闻信息服务公司，报纸只是其中一个产品。以前围绕纸媒生产的一天两个编前会，一个截稿期，一篇稿子要通过内容编辑、文字编辑、版面编辑的一系列流程的生产方式彻底改变了。

第五，数字、移动、影像是关键词。三家都在加大网络影像视频的投入。

第六，各种实时监测，生成多种量化指标，新闻生产几乎完全以受众的喜好为导向。这是最让人忧虑的一块阴影。从实际操作上看，点击量和转发量最大的往往是一些耸人听闻的、煽情的新闻，而政治、经济、社会等严肃话题做得再好也往往是叫好不叫座。编辑的作用逐渐丧失，决定第二天新闻的往往不是编辑的判断而是监测数据。

在这三家中，《纽约时报》的步调最为稳健，《华盛顿邮报》人和财都比较到位，有理由最受期待，甘尼特的改革有些猛，因此受到业界和学界不少质疑，然而，也许重病就得猛药攻。1982 年，甘尼特创办《今日美国》。当时，人们看着这个花里胡哨的报纸，嚷嚷"这个也太不像个报纸了"，可它还就成功了，并且很快成为美国发行量最大的报纸。

当然，新闻编辑部是一种文化、观念和行为方式纠缠在一起的地方，改变起来困难而且需要时间，而技术的日新月异也使变革方向需要随时调整。当然，报社的改革毕竟也是报社自己的一厢情愿，是否能被受众接受还是个未知数。传统新闻这只凤凰能否涅槃在很大程度上有赖于受众的接受，而受众是最靠不住的，所谓受众的心，海底的针，捉摸不定。

【注释】

❶ INNIS H. The bias of communication. Toronto：The University of Toronto Press，1951.

❷ ALVES R C. The future of online journalism：mediamorphosis or mediacide?，2001，3（1）.

❸ KANE K. Digital disruption is a people problem. MIT Sloan Management Review，2017，9（18）.

第 4 章 | 媒体融合为什么成了夹生饭

　　媒介融合导致的两个关键后果：一是界限的模糊和消失；二是社会关系的重构。媒介融合是媒体融合的前提和条件。媒体融合的关键不是技术融合，也不是人和技术的融合，是如何创新，让和技术充分融合的人同企业的发展融合起来。

英语 media convergence 中文可译为媒介融合或媒体融合。从中文的意思上讲，媒介融合偏向技术，而媒体融合则更多指向媒体运营，媒介融合是媒体融合的前提和先决条件，媒体融合为媒介融合的后果，虽然不一定是必然后果。

这里我们主要讨论媒体融合。

如果从未来学家费德勒（Fidler）❶1996 年提出媒介融合的概念算起，已经二十多年了。二十年在人类历史长河中只是刹那，但在媒介革命的语境下，二十年的变化可谓翻天覆地。要知道，二十年前，大部分人还不知道因特网为何物，iPhone 的问世还要再等十多年。在这二十年的头十年里，媒体融合基本处在觉醒、酝酿阶段。从 2005 年开始，以报纸、电视、网站的跨媒体、跨平台合作、合并为基本模式，先后有多家媒体进行了融合改革。媒体融合成为时尚，几乎成了传统媒体，特别是纸媒转型的救命稻草。

同时，学界对媒体融合兴趣盎然，媒介融合、融媒体、多媒体、全媒体、跨媒体等名词概念令人目不暇接。如果检索一下研究文献，就会发现大多数关于媒介融合和媒体融合的论文，包括几篇重要的理论文章，都发表在这个时期。

业界和学界看起来很热闹，但真正撸起袖子干的也就那么几家，更多的是永远都在"转变观念"的光说不练。一位名叫哈吉拉普（Ulrik Haagerup）的丹麦记者在一次研讨会上开玩笑："媒体融合这东西，犹如青少年的性爱，个个都在说，个个都觉得别人在做，而实际上真做的没几个，而真正做得好的就更少了。"

比喻虽不太文雅，但却很贴切。如今十年过去，当初媒体融合的先驱，不少成了先烈，可谓出师未捷身先死。佛罗里达州的《坦帕论坛报》，同集团旗下的一家电视台"融合"了不到两年就再过不下去，只好"离婚"，做了倒行逆施的"分化"（de-convergence），无奈日子越过越惨，终于在 2016 年 5 月关张大吉。同样，荷兰的《人民报》（*De Volkrant*）在合并两年后也同电视、网络彻底分家单过。从国内来看，2014 年在政府号召下，媒体融合很是热闹了一阵子，可惜没见大的成效，报纸却关了一家又一家。纵观国内外的媒体融合的态势，几乎可以下结论说：十几年的媒体融合如今成了一锅夹生饭。

问题出在哪里？

媒体融合究竟融合什么

从传播科技的历史来看，媒介的进化犹如《三国演义》的开篇，合久必分，分久必合。最初的口语传播，可以看作原始的"合一"，而后进入媒介时代。从甲骨、金石到纸，从印刷术到影音，正如麦克卢汉所说，媒介成为人身体的延伸。❷媒介一直在分化，而当每个分支发展到一定程度时，犹如人的五官四肢，相互触碰，最终经过可穿戴设备，同人融为一体，完成一个轮回。

学界关于媒介融合的定义有很多，比较有影响的首先是费德勒的定义。就他看来，媒介融合的重点是融合了人类社会的三大传播形式：人际传播、文本传播和电子传播。❸简单来说，媒介融合实现了人际传播和大众传播的融合。在此之前，人际传播和大众传播始终是两条平行线。费德勒这一观点有很强的描述性和解释性，为思考和研究媒介融合提供了一个非常有张力的理论视角。社交媒体就是这样一种融合的产物。当一个人在社交媒体吐槽或者转发时，自觉不自觉都在进行人际传播和大众传播。

一般认为，媒体融合有赖于三个前提条件：第一，媒介科技的发展，具体说就是数字化。无论是影像还是文字，掰开揉碎了无非比特而已，从而消灭了不同媒介的界限；第二，政府政策的松动，媒体组织可以拥有多个、多种媒体平台，为跨媒体融合扫除了障碍；第三，受众分化，兴趣和行为发生根本改变。

技术融合当然是基础，是先决条件，但媒体融合不仅仅是媒介技术的融合，而是涉及多个层面和方面。早在 2006 年，美国著名新媒体学者詹金斯（Jenkins）就把媒体融合定义为"内容的跨平台流动，不同行业的合作以及受众行为的转移"，并强调融合是一种过程，是一种文化融合。❹

在媒体融合的过程当中，媒体的生态环境在变，媒体自身也在变，网络化的社会导致全方位的深度融合。英国著名社交媒体专家、威斯敏斯特大学富克斯（Fuchs）教授就总结说，当前的科技发展已经从信息（认知）科技（cognition/information technology）转变到传播科技（communication technology），特别是社交媒体出现以后，平台和参与成了关键词，因此，融合成了信息认知、传播交流和参与三者的融合。❺新媒体也经历了三个阶段的飞跃，比如我们常说到的 web 1.0，web 2.0，web3.0。第一个阶段是网站和网页，比如最初的新浪、雅虎等，是简单的信息提供；第二个阶段是传播或者交流，比如 BBS 和博客；第三个阶段，就是受众直接参与进来，即参与和合作阶段，那么现在的阶段就是三者的统一——融合阶段了。即使是曾经不可一世的互联网公司，如果不与时俱进，也会被边缘化或者淘汰。

我们可以从我们自身的使用经历来感受这大环境的改变。十多年前，占绝对霸主地位的是三大门户网站新浪、搜狐和网易，而现在呢？百度、微信和 QQ。从世界的范围来讲，十多年前是雅虎、MSN、eBay，而现在是谷歌、脸书和油管。即使是原来的网站和平台，也增加了社交功能。

有关媒介融合和媒体融合的理论探讨涉及新闻学、传播学、政治学、社会学等多个学科，有经验研究，也有批判分析。但是，媒体融合更是个实践问题。学者可以凭概念和定义吃饭，业界则需要行动，需要产品，需要像赵本山所说的"出来走两步"，而普通人则需要看得见摸得着的"融媒体"。

这样一个能让人们身体力行的里程碑式的产品终于出现：2007 年 6 月，iPhone 横空出世，媒介融合从一个飘飘忽忽的概念变成了人们手上的活生生的现实。我们只需回想一下自己前 iPhone 和后 iPhone 时代的生活，就可以充分理解媒介融合如何改变了我们的生活。iPhone 是电话，是相机，是浏览器，是网络，是终端，是渠道，是平台，是枕边人，iPhone 几乎存在于我们吃喝拉撒睡一切活动。

媒介融合对于社会的影响更是巨大的，社会分工和行业壁垒被彻底打破，无数行业、机构几乎在一夜之间消失得无影无踪。现在的 80 后见过电报的估计凤毛麟角，要不了多久，人们该纳闷许多城市的叫电报大楼的高楼原来究竟是干什么用的了。

从媒体生产来讲，新闻工作者用 iPhone 就可以轻松实现多媒体报道，甚至现场直播。从受众角度讲，以 iPhone 为代表的智能手机使受众在消费上有了更多的选择权和发言权，而且参与到内容的生产过程中。iPhone 使个人传播和大众传播的界限彻底消失。夸张一点说，没有 iPhone，就没有今天的媒介融合；没有 iPhone，我们对于媒介融合的理解就没有如此真切。难怪在第一代 iPhone 问世不久，一个叫迈尔（Kevin Myer）的新闻人在博客里写了一段可谓远见卓识的话："这是我们的古登堡时刻，是两个时代的分水岭，后一个时代的人简直不能理解上一个时代的人们是如何生活的。"虽然有木心诗句里的"从前的日色变得慢，车、马、邮件都慢，一生只够爱一个人"，但恐怕这也只是一种浪漫化的回忆，现在不说别的，iPhone 没电了都会慌神。

从以上的讨论，可以引申出媒介融合导致的两个关键后果：一是界限的模糊和消失；二是社会关系的重构。媒介融合不等同于媒体融合。媒体融合不仅仅是一个技术问题，更涉及行业、组织、社会、文化、受众等各个方面。媒体融合简单来说就是媒介融合在新闻生产和传播中的角色和作用，以及由此引起的生产关系和社会关系的改变。所以，詹金斯强调媒体融合主要是文化的融合。

文化是什么？在一定程度上可以表述为界限和关系。媒介科技打破了原有的传统和秩序，媒体业百年之久的领地受到"侵略"，门槛和界限逐渐模糊和消失，媒体的角色和地位也受到了挑战。在以前，媒体是媒体，受众是受众，界限分明，关系明确。以往的媒体组织是一个封闭系统，而现在由于融合，其商业模式必须是开放的，受众成为媒体内容生产和传播的极为重要的参与者。不仅仅有受众自产内容（user-generated content，UGC），而且还有用户分享的内容（user-shared content，USC）。更可怕的一点是，他们再不是单个的消费者，而是一个紧密联系的网络社会。说到底，媒体融合，是媒体生态的改变，是在新的媒体生态环境中，新的生产关系和社会关系的磨合、形成与巩固。

夹生饭是如何烧成的

前面讨论的媒体融合的定义也好，关键问题也好，媒体组织的管理者并不是不清楚，也不是没有资源，或者缺乏战略计划和变革措施，但是，为什么媒体融合这锅饭十几年都没有炒熟呢？

德国学者斯托伯尔（Stöber）在一篇关于媒介进化的论文中列举了媒体进化的三个阶段：首先是发明，然后是创新，最后磨合制度化，也就是形成文化。❻具体到媒体融合，在这三个阶段中，科技发明已经到位，但如何落实则需要创新。这犹如科学与技术的关系，再好的科学发明，也需要工程师实现。而创新势必要触及现状和传统，包括理念和流程以及利益格局。

所以说，媒体融合夹生的第一大原因是缺乏创新。

哈佛大学商学院教授克里斯坦森（Clayton Christensen）1997 年写了一本书，名字叫《创新者的困境：为什么大公司败于新技术》（*The Innovator's Dilemma：When New Technologies Cause Great Firms to Fail*）❼。其中心意思是说，越是大的公司，越是优秀的公司，越容易在技术革新中失败。长期形成的企业文化固然有利于企业的按部就班、高效地运转，同时，也使新生事物无生存的缝隙。

许多大的媒体公司管理严密，高度体制化。这样的大公司同高科技创业公司最大的区别在哪里？在一个高科技的创业公司里，新的思想会受到欢迎和鼓励，而且会得到支持付诸行动；而在一个老的公司里，一个新想法，必须经过一干领导点头同意，但凡有一个领导看出了一点毛病，这个东西就很难通过。而挑毛病的这个家伙，其实并不关心这个想法本身，常常是为了显摆自己的智商，维护自己的权威。不幸的是，几乎在每一个报社或者电视台里，都会有一个或者数个这样的 Mr. No。这个"不先生"，聪明、干练、敏锐，火眼金睛，洞察一切，一眼就可以看出任何新观念和新技术的缺点，而且往往击中要害，结果，一切新观念新建议都会被喷死。新闻生产经过上百年的磨炼，可以说每一道工序都有非常严格的操作规范，细致到一个标点符号，容不得半点差错。问题是，任何创新，一开始必然是粗糙的，不可能至善至美。但是，往往因为一点瑕疵，整个想法都会被攻击，被扼杀。

当然，缺乏创新的原因还在于媒体组织的动力不足。美国报纸上百年的日子是非常滋润的，利润率一直保持在 20% 以上。在一般企业利润率只有 5% 的情况下，这简直不是在印报纸而是在印钞票。以往报纸动辄几十个版面，不是因为内容多得放不下，而是为了多印钞票（广告）。长时期的名利双收，使报纸即使意识到危机，也更倾向于维持现状，规避风险。长期以来，媒体公司的科研经费不到预算的 1%，正是媒体故步自封、不思进取的最好写照。媒体融合，从某种角度上讲，是一种反控制和去中心化的过程，让媒体组织自废武功是相当困难的。这就是为什么一些新媒体公司生气勃勃，一路夺城掠地，捞金无数，而传统媒体有那么多的资源，却每况愈下。传统媒体包袱太重，抱着坛坛罐罐去抢金子，其结果只能是金子没捞到，坛坛罐罐也碎了一路。

前面说过，媒体融合关键的一点是文化的融合。就媒体来说，什么是文化呢？粗略一点讲，编辑部里的价值观和人际关系就是文化。报纸从业者会认为自己是正统，做的是真正的新闻，是公共服务，而电视台则是娱乐媒体。电视要求的是画面、煽情，是收视率，而报社记者在以前很少考虑阅读率，编辑说好，上了头版，就是好，得了普利策奖就是牛。这报纸和电视的编辑部怎么融合？在一个中央厨房里做菜，如果一个要口味，一个要营养，这饭又该怎么做？

媒体融合对于新闻生产的传统理念的冲击是非常大的。新闻人的价值观是什么？是真相，是公正、独立。传统的新闻记者强调独立，而媒体融合则强调团队与协作。传统的新闻讲把关讲准确讲验证，而媒体融合则强调速度。

媒体融合的典型模式就是所谓的中央厨房，其目的在于整合、分享资源，优化工作流程，提高效率，全天候、多平台、多媒体提供新闻信息服务，并根据受众的习惯和喜欢，做到精确定制。而在呈现上，就是多平台、多媒体。

而多平台、多媒体的生产方式要求每一位采编人员都成为瑞士军刀，或者超人，十八般武艺样样精通。但是从中央厨房的设计目的来讲，瑞士军刀不应该是最好的选择，而是应该充分发挥每个人的特长，该用菜刀的时候用菜刀，该用铲子用铲子。瑞士军刀凑合点快餐还可以，做高质量的大餐就不行了。瑞士军刀也许更适合野外作业，不应该成为编辑部的日常。

话又说回来，即使有瑞士军刀一样的人才，也早会被新媒体公司挖去，或者自己创业去了，不会留在报社里穷过。

应该特别指出的是，媒体融合的关键是人，而更关键的是一个企业和组织如何把人放在第一位。麻省理工学院教授杰拉德·凯恩（Gerald Kane）撰文指出，数码转型不是技术问题而是人的问题。❽从科技、个人和社会三者在社会大变革的发展过程来看，科技进步，个人的适应和企业、组织的改变是不同步的，技术发展最快，人也会很快适应，而企业和组织改变最慢。在数码转型中，人的转变是非常快的，君不见如今连老爷爷老奶奶都玩起了各种社交媒体。媒体员工对于新媒体工具的掌握和使用也是非常熟练的，拖后腿的往往是企业而不是个人。媒体融合在操作过程中成了由人事部门主导的增收节支，新闻编辑部成了生产线，媒体融合的改革成了媒体剥削新闻民工的同义词。对于许多媒体人来说，中央厨房的结果是自己被炒鱿鱼，即使没有被炒掉，也会变成一个人干三个人的活，多媒体、多平台更意味着翻倍的工作量，而工作待遇往往不升反降。如果每个厨子都在担心自己的饭碗，这样的中央厨房能把饭炒熟才怪。

造成媒体融合夹生饭的还有一个重要的，但却常常被忽略的原因，就是受众加入了这个过程。受众有了更多的选择权和决定权，可以决定何时何地以何种形式来光顾你的中央厨房。不仅这样，你做出的饭菜还有赖于受众的参与，许多做菜的原材料还要靠受众来提供。从历史上看，媒体面对的挑战非常多，也很严峻，比如报纸就遭遇了多次挑战，包括电台、电视台，但是每次都能从容过关。根本原因是，那些挑战基本还是在媒体行业之内，可以通过各种手段搞定。现在完全不同了，媒体融合，媒体自己说了不算，必须有受众的参与，任何媒体融合的模式都必须是开放的。

因此，媒体融合必须把受众考虑进去，才能够进行有效的模式创新。更为重要的是，媒体融合只是手段，是商业模式，不是目的，不能为融合而融合，否则，媒体融合就真成了走得太远而忘记为什么出发，永远成了锅煮不熟的夹生饭。

【注释】

❶ FIDLER F. Mediamorphosis：understanding new media. Thousand Oaks，CA：Pine Forge Press，1997.

❷ MCLUHAN M. Understanding media. New York：McGraw-Hill，1964.

❸ FIDLER F. Mediamorphosis：understanding new media. Thousand Oaks，CA：Pine Forge Press，1997.

❹ JENKINS M. Convergence culture. New York：New York University Press，2006：2.

❺ FUCHS C. Social media：a critical introduction. Thousand Oaks，CA：Sage，2017：50.

❻ STOBER R. What media evolution is: a theoretical approach to the history of new media. European Journal of Communication, 2004, 19 (4): 483-505.

❼ CHRISTENSEN C M. The innovator's dilemma: when new technologies cause great firms to fail. Cambridge, MA: Harvard Business Review Press, 1997.

❽ KANE G. Digital disruption is a people problem. MIT Sloan Management Review, 2017, 9 (18).

第 5 章 | 穿新鞋还要走新路：数字时代传统媒体的创新

现在面临的不是自然的进化，而是颠覆性的革命；新媒体革命不仅仅带来了新工具，而且彻底改变了整个生态环境。传统媒体失去了主体地位。说句极端的话，媒体融合没看到，倒看到了传统媒体被社交媒体溶解。传统媒体转型的根本在于创新。

如果从 20 世纪 90 年代中期算起，媒体融合这锅饭已经热炒了二十多年。各种高大上的炊具用了不少，各种诱人的菜谱也尝试了 N 多，包括跨平台出版、全媒体、众筹新闻、中央厨房、大数据等等，但到目前为止，仍然没有找到一个行之有效的盈利模式，结果是赔本连吆喝都没赚到，连原有的资本和人才也几乎消耗殆尽，感觉分分秒秒在被掏空。

从线下状况来看，原有的受众"自然规律了"一批，逃了一批，剩下的一批正在变老或者逃的路上；而线上的这一块虽然有些起色，但大多数也只是比以前少亏损而已。如果线上收入增长不能更猛更快，难保哪天青黄不接，没等成年就会被饿死。与此相对应的是，谷歌、脸书、推特等新媒体巨无霸正朝气蓬勃，苗壮成长。据美国皮尤研究中心的最新统计，线上广告这块蛋糕，至少 65% 被这几个新媒体大鳄给吞了。

原因可以列出多种，但最根本的是，新媒体特别是社交媒体改变了媒体生态，垄断的、封闭的传统媒体领地失守，不但外部资本来争夺地盘，就连普通的吃瓜群众也可以随兴玩一把新闻。

传统媒体面临的生存危机是前所未有的，而且是致命的。检讨一下大众媒体的发展历史，梳理一下科技发展与媒体的关系，我们就会发现：科技对传媒业的挑战发生过多次。然而，以往的挑战和危机是可控的，犹如自然的进化，在这个进化过程中，新媒体同旧媒体相互适应，融合或共生。如果冲突激烈，接近失控，媒体可以通过资本手段，兵来将挡水来土掩，大不了兼并和收购，肉烂也烂在了锅里。

现在面临的不是自然的进化，而是颠覆性的革命；不仅仅带来了新的工具，而是彻底改变了整个生态环境。整个过程完全失控，传统媒体失去了主体地位。说句极端的话，融合没看到，倒看到了传统媒体被社交媒体溶解。

怎么办？于公于私也不能自暴自弃，坐以待毙。但以前媒体融合的套路明显不灵了。打个粗糙的比方，本来是驴拉车，后来市场上闯入更高更快更强的马。传统应对套路比较简单，马换驴，或者马和驴一起养着使唤。而当今的媒体融合则需要马配驴生出个骡子来。生出骡子来还不算完，媒体融合的目的是什么？当然不是为了融合而融合，而是为了可持续发展的盈利模式，也就是说这匹骡子必须能够生存和繁殖下去。

融合出这样的一匹骡子靠什么？别无他法，唯有创新。

创新：新鞋子与新道路

什么是创新呢，从英语创新（innovation）最初的意思来看，指的是契约的更新，后来借以表示新事物。但是，创新和发明（invention）是不同的，虽然两个词在英语里听起来差不多，在意思上也有重合的地方。发明是无中生有，而创新是有中生新，是对发明的利用和改进。比如说，计算机的芯片是发明，而利用芯片制造出不同的机器和工具就是创新。乔布斯的 iPhone 不是发明，它是把各种已有的技术进行融合，所以是创新。

1939 年，奥地利经济学家熊彼特（Joseph Schumpeter）给出了一个非常好的定义，说："发明是一种不计经济后果的智力创造，而当找到利用这个发明而产生建设性变革的商业模式时，创新就发生了。"❶

还有人做了这样一个有意思的比喻：如果说发明是往池塘扔进了一块石头，那创新就是那块石头激起的涟漪。扔石头的是发明家，看到涟漪的是创新家，而那个看到波浪的，就是企业家。

在某种程度上，创新比发明都重要。发明只有通过创新应用才能发挥价值，影响社会。创新对社会和个人的影响非常深远，往往会超出原来的设计甚至想象。比如电灯泡是一项创新应用，它不仅点亮了夜晚，更点亮了人生。不说别的，电灯改变了人们的睡眠习惯，以前人们平均睡九个小时，而现在平均七个半，甚至更少。

创新有多重的形式和内容。哈佛大学商学院的克里斯坦森教授写了一本非常有名的书，名叫《创新者的困境：为什么大公司败于新技术》❷，据说乔布斯和美国纽约前市长、亿万富翁布隆伯格（Bloomberg）都对这本书推崇备至。克里斯坦森把创新分为两种：维持性创新（sustaining innovation）和颠覆性创新（disruptive innovation）。维持性创新通俗地讲就是渐进的不破坏原有生态和价值体系的创新，而颠覆性创新顾名思义就是对生态系统的根本改变。比如智能手机不是一个简单的通信工具，而是改变了媒体生产和消费方式的颠覆性创新。以往的维持性创新，可以通过更新换代来应付，现在的颠覆性科技创新则涉及价值体系和商业模式的崩塌，必须以创新来应对创新，脱胎换骨，凤凰涅槃。

克里斯坦森的两种创新的区分很有见地，很有解释力，但作为一种理论，其预测能力不强。通常认为，一个好的理论应该不但能够描述和解释，还应该能够预测。因此，克里斯坦森的创新理论也经常被人们批评为事后诸葛亮。有意思的是，2012 年，克里斯坦森同一位正在哈佛大学学习的尼曼学者合作，用其创新理论为传统媒体把脉，总结了传统媒体的一些病征并开出了药方。研究报告被《尼曼报告》作为封面文章推出，在当时引起了业界和学界的不少讨论。❸不过，现如今我们对照媒体发展的现实再来看这份报告，其结论未免显得简单肤浅，甚至是完全错误的。比如默多克2011 年推出的基于 iPad 的 Daily，在书中被列为榜样，而我们大家知道 Daily不久就夭折了。俗话说隔行如隔山，即使是大师，脱离了自己的本行，也就免不了露怯。新闻业远不像商业公司那么简单，不说别的，单说新闻媒体的政治和社会使命，就使它不可能像一般商业公司那样在商言商。另外，传统媒体的传统势力出乎意料的强大，对新事物有一种天然的抵触，创新往往在设计阶段和执行阶段被消解，用著名创新专家美国范德堡大学管理学院教授欧文斯（David A. Owens）的话说，就是"人人都爱创新，但就是没人想改变"。结果就是穿着新鞋走老路。但是，严重的问题是，整个世界都被颠覆，不创新已无路可走。

传统媒体创新为什么难

这个问题其实是在问传统媒体为什么一贯不思进取，鲜有创新意识。因素是多重的，既有体制的也有个人的，可以概括为如下几条。

1. 居安不思危

说传统媒体是最不思进取的一个行业恐怕一点都不冤枉。有点匪夷所思的是为什么一个搞新闻的行业那么守旧。从传媒的发展史来看，大众传播的诞生和发展恰恰是科技创新的结果。1440 年古登堡印刷机可以说是一个创新，因为在此之前活字印刷技术已存在了千百年。古登堡的此项创新对知识的传播起到了至关重要的作用，可以说是大众传播的先决条件。

著名美国文学家马克·吐温曾经感慨："今日世界，好也罢坏也罢，都应该归功于古登堡。"到 1600 年，两亿本新书出版，为启蒙时代奠定了基础。

如果从第一张报纸诞生的 1605 年算起，报纸的存在已有四百多年的历史，即使限制到现代意义上的报纸，从 19 世纪 20 年代算起，也有两百个年头。至少在这两百年间，报纸的基本组织结构和盈利模式没有改变。如果拿一张两百年前的报纸同现在的报纸进行版面比较，你会吃惊地发现报纸的基本面目（版面）竟然数百年如一日，比如报纸栏目的宽窄，丝毫没变。这算不算奇葩？传统媒体可以说天不变，道也不变。百年老字号，只卖一种药。为什么不思进取？简单一句话，日子过得太滋润了。

长期以来，报纸坐享垄断带来的高额利润，平均利润率在 20% 以上，广告多到安排不下，周日版扩到上百个版面，印报纸犹如印钞票。财大气粗，出手阔绰。虽然传统上记者的固定工资不高，但却有着高工资都买不到的滋润，工作和生活是安逸和巴适的。首先是铁饭碗。当时的大学毕业生入职报社，开始指点江山，激扬文字，粪土当年万户侯，根本不用担心被开掉，最坏的结果是值夜班，或者被迫给有硕士学历的雄心勃勃的新员工让位。衣食无忧，图样图森破（too young too simple），整天就想弄个大新闻获个普利策奖什么的。如果你读读那个时代记者的回忆录，就可以发现大报社的记者出差坐的是公务舱，下了飞机租的是敞篷跑车，报社开会都是到度假旅游景区去。

当然，公司员工待遇好的不只是新闻业，同创不创新也没有必然的联系。但是，如果告诉你传统媒体行业长期以来，用于研究和发展的预算不到公司预算的百分之一，甚至根本就没有，你会觉得这个行业进取吗？

2. 业务模式同商业模式脱节

比较一下传统媒体和一般商业公司的组织结构就可以发现，传统媒体组织结构上百年没有改变。尤为独特的是出版人和总编辑的双首长负责制。从权力上，发行人为一把手，但总编辑是核心，编辑部是嫡系部队，而其他部门是附属。更由于强调新闻的独立性，其他经营部门在重大决策，特别是日常执行上没有同等话语权，缺乏沟通，造成业务模式同商业模式没有联系甚至脱节。创新涉及体制，是系统工程，在这样一个超稳定结构中，很难产生。

3. 墨守成规的企业文化

长期不思进取自然就会墨守成规。即使外界已经发生了颠覆性的创新，传统媒体也是以不变应万变。只愿改良，不愿革命，习惯于通过吸收、消化科技的震荡来维持现状。机械打字机代替了钢笔，电子打字机代替了机械打字机，随后计算机的文字处理也只不过是替代了电子打字机。同样是穿上了新鞋子，别人看到了道路和不一样的风景，而传统媒体只看到了鞋子款式，只关心鞋子舒不舒服，一旦感觉不舒服就会换回旧鞋子，而不是想着如何改变和适应。早在 2004 年，美国西北大学教授、著名新媒体学者博奇科夫斯基（Pablo Boczkowski）就把报纸的创新文化总结为三个词：被动、防范和实用主义。❹传统媒体从未鼓励创新，被逼无奈才会行动。

4. 自我神圣的职业文化

同组织文化有关但不同，职业文化是对自己所从事职业的自我认知与认同，核心是价值观和去实现这一价值观的伦理规范。恪守职业理念和职业伦理当然应该嘉许，需要摈弃的是自我神圣化，把信念和戒条，比如说独立性，作为意识形态供奉起来，为自己抵制创新背书。在自我角色定位上，始终端着把关人的架子，认为只有自己才是专业和职业的，领地意识强烈，对于新人新事物充满傲慢与偏见。

5. 习惯成自然

而有些做法，根本同职业文化什么的沾不上边，因为职业文化尚有一定的价值观和伦理作为基础，而习惯就是重复成习惯，习惯成自然，它存在的理由无非一直如此，而一直如此就是对的。本来老方丈的一句有意无意的唠叨，被供奉起来成了金科玉律。久而久之，习惯形成所谓的传统，传统形成势力。任何传统从本质上讲，都会抗拒创新，特别是颠覆性创新。

然而，当颠覆性的科技来临以后，那种修修补补、换汤不换药的套路彻底失灵了。不管是旧鞋子还是新鞋子，已经没有退路，选择只有一个：创新或者死亡。

传统媒体创新为什么失败

从最初的电子版、网络版到后来的媒体融合、跨平台出版和全媒体，传统媒体被动也好，主动也罢，进行了一系列的创新实验。然而，二十多年过去，除了在内容报道上偶有出彩之处外，很难说有什么成效。

没有成功的原因除了前面所讨论的几点以外，还可以具体到以下六个方面。

1. 错失良机

传统媒体危机其实在其最辉煌的 20 世纪 80 年代就露出端倪，到了 20 世纪 90 年代开始爆发。媒体不是没有意识到路子有点不顺，也知道有人在挖墙脚，但是，自我感觉过于良好，良好到麻木，加上最初的网络吸引过去的基本不是传统媒体的核心受众，媒体就无动于衷。再说了，即使读者流失，报纸也不太在乎，因为从根本上讲，传统媒体的经营模式决定它在乎的是广告商而不是读者。只要广告商在，损失几个订户又有什么关系？广告商经过反应滞后期以后，终随受众而去。而当传统媒体意识到网络的重要而追到网上的时候，发觉广阔天地已经被几个新媒体帝国差不多瓜分干净。有创业心灵鸡汤玩文字游戏，说危机危机，意味着危险中有机会，破釜沉舟，置之死地而后生。这些说白了，不过是破罐子破摔的冒险主义和机会主义；置之死地而后生最大的可能是死而不是生。居安思危，进取创新才是正途。如果亡羊补牢勉强可以成立的话，唯一的理由是你的牢里还剩有足够的羊，而且上帝给你足够的时间和运气去补牢。

2. 主体性丧失

网络刚兴起的时候，由于不产生原创内容，只能靠倒腾传统媒体内容为生，常常被鄙视为寄生虫。而如今翻了个个儿，社交平台强大起来，成为新媒介生态的主角，信息的采集、传播，受众的联络，尤其是变现途径几乎被社交平台垄断。据最新统计，美国成年人中 92% 拥有智能手机，62% 的受众都是通过脸书来获取新闻的，传统媒体自己变成了寄生虫。传统媒体创新需要依赖社交媒体平台来完成，这是非常不利和危险的，因为这样的创新极有可能是为别人做了嫁衣。

3. 编辑部文化的刹车效应

编辑部文化本质上是遵循传统而抵制创新的。新闻编辑部对于创新是一贯性地防范、阻止的。有研究把这种现象称作编辑部刹车效应。任何创新建议，无论如何完美和可行，到了编辑部这里必然被刹车。另外，编辑部里面论资排辈严重，歧视年轻人，而新媒体创新，需要依靠的恰恰是年轻人。

4. 组织障碍

管理层懂技术的不多，懂技术的通常又没有新闻经验，而非但在组织上没有将二者并拢起来，而且在物理布局上都搞成了政教分离。比如说，《纽约时报》直到 2010 年才把新媒体部搬回报社大楼，而《华盛顿邮报》把新媒体发配得更远，它一直在华盛顿地区以外的波托马克河对岸的一幢大楼栖身，直到亚马逊创始人贝佐斯 2014 年买下《华盛顿邮报》才迁到本部。本应唱主角的新媒体部门被边缘化，数码技术人员起不到主导作用，主要精力仍然放在做传统媒体的数字版上，而不是抛开过去的套路，去开发出新的产品。至于经营部门就更不用提了，报社的几大块，编辑部、新媒体部、技术部门和经营部门一直还是各自为战，媒体融合其实连自己都融合不了，创新能够成功才怪。

5. 三心二意，偏安思想

克里斯坦森在《创新者的困境：为什么大公司败于新技术》中谈到，

大公司在创新中失败，多是因为旧的商业模式仍有利可图，而创新 "钱"
途不明，吉凶未卜，所以就会三心二意，执行不坚定。

6. 惶恐中不可能创新

　　创新需要主动，需要前瞻，更需要创新的冲动。一个新媒体公司看到
科技革命，往往是兴奋，是激动，因为看到了机会，会欢呼让暴风雨来得
更猛烈些吧。而传统媒体碰到了科技革命，感到的是威胁和惶恐，创新出
于被逼无奈，而惶惶不可终日的企业几乎不可能有真正的创新。

【注释】

❶ SCHUMPETER J A. Business cycles：a theoretical，historical and statistical analysis of
the capitalist process. New York：McGraw Hill，1939.

❷ CHRISTENSEN C M. The innovator's dilemma：when new technologies cause great firms
to fail. Boston：Harvard Business Review Press，1997.

❸ CHRISTENSEN C M，S D. Breaking news：mastering the art of disruptive innovation in
journalism. Niemann Report，2012，66（3）：6-20.

❹ BOCZKOWSKI P. Digitizing the news：innovations in online newspapers. Cambridge，
MA：MIT Press，2004.

第 6 章 | 传统媒体创新的打开方式

　　麦克卢汉说媒介即讯息，强调的就是不要把新的媒介技术仅仅看作工具。所谓工具思维，就是说有了金刚钻，只想到瓷器活儿可以做得更快更好，却看不到金刚钻穿透的不仅仅是瓷器。就传统媒体来说，工具思维导致再好的技术也只是用来"复制报纸"，在上网时代搞报纸网络版，到了媒介融合时代简单成了跨平台出版，而不是从媒体生态环境的系统改变去认识问题；只看到了生产工具的更新换代，而看不到这些生产工具带来的生产方式的改变，更看不到带来的生产关系和社会关系的改变。

前一篇文章谈到传统媒体创新为什么难，为什么会失败，话只说了一半。紧跟着的话题应该是传统媒体创新之路究竟应该怎么走。归根结底，创新是一种行动。就目前传统媒体的境况来说，这是个非常紧迫的现实问题，生死攸关，所谓华山一条路，而这条路就是创新。

不创新的后果很严重。君不见无数不可一世的公司在如日中天之后，陷入哈佛大学商学院教授克里斯坦森所说的"创新的困境"，一蹶不振，甚至破产，近有东芝，远有诺基亚。诺基亚首席执行官在手机业务被微软收购的新闻发布会上，感慨万千，潸然泪下，说了句非常经典的话："我们没做错什么，但就是失败了。"这句话之所以耐人寻味，是因为许多明星企业之所以失败，恰恰是因为什么都做对了。没有创新，当然就谈不上错误，自然也就没有失败。

上百年来，传统媒体得益于自己的垄断地位，可以说怎么做都是对的。而创新意味着风险，意味着可能的失败，因此，当一家企业可以旱涝保收的时候，谁又会去创新呢？所以说媒体是最保守最不思进取的。长期的因循守旧，故步自封，造成惰性文化，往往以传统的名义排斥创新，以至于真的到了必须创新的时候，发现自身根本就没有创新的文化与机制。就传统媒体来讲，从 20 世纪 90 年代算起，狼来了已经喊了二十多年了，媒体融合为什么失败？主要的原因就是缺乏创新。在机器人都可以写新闻、编故事的今天，不创新势必会被淘汰。机器人可以写新闻这件事想想都可怕，因为自古以来，编故事（撒谎）一直是人类的专利。

当然传统媒体的创新是非常艰难的，充满了各种不确定性，极有可能还没容你创新，外部的科技创新已经颠覆了世界，重新洗牌。因此，创新也不能是破釜沉舟、押宝似的蛮干。

那什么才是媒体创新正确的打开方式呢？上一章关于媒体创新为什么失败一文已经从反面给了一些思路，这章从正面来讨论一下传统媒体创新的要点，一共总结了 12 条。

需要特别说明的是，这不是药方。研究的本分不外乎"知"与"识"，所以说是打开的方式，而不是解决方案。曾记得某年某月在国内某地讲媒体融合，席间有地方电视台的领导听得有些不耐烦，直接问：能不能不谈理论什么的，直接谈如何才能提高收视率，或者说如何拉到广告？当时我就很是愣了一会儿，不无尴尬地调侃道：对不起，这些我还真不知道。我要是知道这些秘诀，也肯定不在这里讲课了。学者能做的无非纸上谈兵，如何落实到实战，那是企业家考虑的问题。如果非要找所谓的灵丹妙药，不应该去大学，而应该去机场候机楼，那里的书店里有无数的成功秘诀。

开放的体制与文化

创新包括多个方面，包括制度创新、模式创新以及具体的内容形式创新等等。在战略层面上，确定核心价值观和目标以后，需要通过新闻生产模式和商业模式创新来寻找新的立足点、增长点。制度和模式没有新旧之分，为求新而求新就成了赶时髦。但无论如何，媒体组织必须有一个开放的体制和文化，主动去寻求、尝试创新的机制和途径，这就需要有离经叛道的商业战略思维。并不是说这样就一定能够创新，而是说有这样开放的制度和文化，找到创新发展模式的可能性会大大增加。更重要的是，这样的创新的过程，可以对既有体制和文化不断造成冲击，起到保鲜作用。

金刚钻钻透的不仅仅是瓷器

麦克卢汉说媒介即讯息，强调的就是不要把新的媒介技术仅仅看作工具。所谓工具思维，就是说有了金刚钻，只能想到瓷器活儿可以做得更快更好，却看不到金刚钻穿透的不仅仅是瓷器。就传统媒体来说，工具思维导致再好的技术也只是用来"复制报纸"，在上网时代搞报纸网络版，到了媒介融合时代简单成了跨平台出版，而不是从媒体生态环境的系统改变去认识问题；只看到了生产工具的更新换代，而看不到这些生产工具带来的生产方式的改变，更看不到带来的生产关系和社会关系的改变。比如媒体与受众的关系。以前媒体垄断新闻生产，受众不过是被动的消费者；而现在的金刚钻，不但媒体可以有，受众也可以有。曾有《纽约时报》著名记者和专栏作家卡尔（David Carr），在一场关于互联网如何影响了新闻的演讲中，讲到兴奋之处，高举起自己的笔记本电脑说：瞧，我现在拥有了一个新闻记者从未有过的资源。这话当然没错，然而，关键的问题是你台下的听众以及街上的阿猫阿狗都有了这样的本本。

不以成败论英雄

创新往往意味着失败，往往会有心栽花花不开，无意插柳柳成荫。比如医药的发明与进步近乎一半源于事故或者失败，比如青霉素的发现是因为培养基发了霉，伟哥的研究初衷是治疗心血管疾病。创新的艰难还在于人们总是以成败论英雄，公司和社会总是奖励成功者，而不是创新者。因此，企业必须创造一种机制，更多以工作的表现而不是效果和业绩来公平地评价自己的员工。创新需要转变思维，业绩也不能总是以金钱来衡量，比如媒体对于社交媒体的尝试，可能投入很大但一时又看不到真金白银，但是，通过社交媒体，媒体开发和建立了许多关系，而关系就是金钱。

有句老话叫失败是成功之母，至理名言。失败的经验是非常宝贵的。而在现实中，某种创新行动失败，往往等同于创新者本人的失败。树倒猢狲散，学费等于白交，等于花钱替别人探了路。没有体制记忆，所以总是犯同样的错误。这也许解释了为什么总是墙内开花墙外香，外来的和尚会念经，因为外来的和尚极有可能正是因为在原来的庙里念错了才在这里念对了。

创新必须是常态的主动出击

创新必须是日常的主动自觉行为而不是仓促上阵的应付。

媒体组织需要有自己的研发部，而且应该有充足的预算支持。现在媒体通常的做法相当机会主义。表现形式之一是拿来主义，照搬别人的经验，先不说这些属于商业机密的创新计划能否无保留地给你，即使能够得到，水土能不能服也是个问题。另外一种方式是外包给咨询公司，结果是得到了非常漂亮的报告和建议书，却没有操作性。媒体生产不是一般的商业公司运作，既不是生产线上的流水，也不是办公室里清晰的界限分工，媒体生产中的个体几乎都是独立和具有创造性的。

摈弃“虽然但是综合征”

所谓“虽然但是综合征”，指的是理解创新的重要性，甚至也行动起来投入进去；但是，犹如叶公好龙，一旦要动真格的，往往以种种理由来否定创新。美国学者赖夫（David Ryfe）把这种现象总结为“虽然但是综合征”❶。他在研究中发现，某个报社的领导，对于创新非常热衷，也拨款支持创新团队，搞得风生水起，然而，当研发部门把费尽心血形成的报告放在了桌面上，往往就被这位领导，以及随之报社上上下下的“虽然但是”的口水给消费掉了。媒体创新，对于传统的东西必须重新思考，必须冲破束缚。过去一直这样做并不代表这样做是对的，即使过去这样做是对的也不表明现在这样是对的，或者另外的做法就一定是错的。

奴隶造不了金字塔

曾几何时，媒体融合创新几乎被等同于组织机构的合并，变成了营收部门主导的增收节支，而落实起来更变成了人事部门主导的裁员，裁员的重点又成了裁掉名记者和老编辑。为什么是名记和老编？因为他们工资高。而全媒体报道成了全媒体记者，一个记者要完成过去多个人的工作。更要命的是报社员工每天都在担心自己的饭碗，严重缺乏安全感。

创新需要的是兴奋而不是恐惧。大家也许在网络上读到过这样一个故事，就是奴隶造不了金字塔。金字塔设计之完美，建造之精细，巨石之间连一片小小的刀片都插不进去，可谓天衣无缝。金字塔的建造者，不会是奴隶，应该是一批快乐的自由人。做出这种推测的，是瑞士钟表匠布克。

布克原是法国的一名天主教徒。1536 年，因反对罗马教廷的刻板教规，身陷囹圄。入狱后，被安排制作钟表。无论狱方采取什么高压手段，他都不能造出日误差低于 1/10 秒的钟表。可是，入狱前在自己的作坊里，他造出钟表的误差低于 1/100 秒。为什么会这样呢？起初，布克把原因归结为制造环境，后来，他越狱后又造出了小误差的钟表，他这才意识到真正影响钟表准确度的不是环境，而是制作钟表时的心情。1560 年，他在埃及的金字塔游历时，做出了这个推测：一群有懈怠行为和对抗思想，处于恐惧中的奴隶，是不可能造出金字塔的。而近年来考古发现证实，金字塔的建造者的确是自由民。钟表匠的故事真假不说，但金字塔确实不是奴隶建造的。

不能丧失主体性

现在的媒体生态环境几乎被几个社交媒体大佬如谷歌、脸书和推特把持。这些媒介平台本质上是商业公司，关心的是上市，是股价和盈利。传统媒体的创新需要利用这些平台，但不能过度依赖平台。平台的影响力不容小觑，平台不但决定了新闻的传播和消费方式，比如说何时何地消费新闻，而且直接改变了新闻本身，比如说受众在脸书上看视频往往是关掉声音的，那你就必须配字幕了。

从本质上讲，传统媒体的创新，同媒介平台是竞争关系，有利益冲突。你的创新必然会受制于平台，如果对平台有利，则会鼓励你的创新，但是，更多的情况下，由于大的网络公司可以有足够的金钱进入新闻市场，其创新能力必然超过媒体，其创新的结果必然冲击媒体自身的创新。

创造意义

现在的钟表，根本就不是为了计时，而是时尚和装饰，是一种超过其使用价值的观念和意义。著名创新设计师、学者维甘提（Verganti）在谈到媒体时说，创新的价值在于给读者带来了全新的意义。❷比如说钻戒，无非一块稀有的石头，凭什么就成了结婚的必需品，变成了忠诚和持久的象征？星巴克提供的也不是简单的咖啡，任天堂的体感游戏不仅仅是游戏，还成了锻炼身体。

那么，社交媒体的意义不在于信息的传播，而在于超过知识生产和信息传播的价值和意义，是存在感，是亲情，是友谊等。如果创新只看到了功能而看不到意义，结果必然是昙花一现，当下一个新玩意出来的时候被抛弃，因为缺少意义的建立。

有体感的新闻

在社交媒体时代，重要的不是简单的新闻信息的生产和加工，而应该是知识和体验，信息通过加工和过滤变成知识，而知识在获取和分享的过程中，成了意义和体验，那些硬件和软件所采集的数据可以变为信息。传统媒体对体验重视不够，特别是对于情绪体验。创新的一个大的方面是聚焦到读者的体验上来。所谓数字化生存，是文化，不仅仅是信息。这需要编辑部门、数字部门和运营部门的通力合作。

读者是不可靠的

用户是上帝，但如何服务上帝却不能听上帝的，因为上帝自己也说不清楚。

创新当然不是拍脑袋拍出来的，而是需要充分的调研和论证。但是，以往的以用户为中心亦步亦趋的做法未必可行。因为用户的想象力很难超过自己的日常生活；即使想象到了，也很难准确地说出自己需要什么。这就是为什么大数据掌握了那么多的用户信息，却依然不知所措。这是大数据解决不了的问题。

据说乔布斯每天都要站在镜子前问自己要什么。乔布斯非常反感市场调查，因为调查的结果会阻碍创新。比如说，2008 年苹果推出的超薄电脑竟然没有光驱，令人错愕，但乔布斯非常自信：我们不认为大多数用户会怀念光驱，我们认为他们实际上也不需要光驱。

创新需要引领用户和受众。索尼公司创始人盛田昭夫说过：我们是用新的产品来领导用户，而不是问他们需要什么。公众不了解什么是可能的，但是我们知道。

要团队，不要变形金刚

创新必须注重队伍建设，以更加开放的心态去聘用、接纳非新闻传播领域的人才，包括工程师、数码设计师、受众分析师、社交媒体专家等。不但要把他们招进来，而且要让他们融合到现有的体制中去。

同时，创新需要的是团队，而不是万能的犹如变形金刚的个人。创新有赖于团队作业，但令人遗憾的是，传统媒体文化中最缺的就是团队合作。当然，非新闻传播领域会有不同的文化以及不同的价值追求，但是不能因为有这些不同而不尝试合作。

酒好也怕巷子深

传统媒体的编辑部文化对于受众和营销这两个词是非常敏感的，在一定程度上会把对读者的满足、对内容的营销和自己的职业理念对立起来。在传统媒体时代，媒体的受众是被动地僵在某个地方的。而现在的受众是流动的、不确定的。《卫报》美国版主编贾妮·吉布森（Janine Gibson）说：对于我来说，一个痛苦的领悟是，受众不是自然而然就在那里的。你必须去找读者。什么是新闻的成功，说白了，就是在对的时间、对的地点找到了对的读者。

现在的技术使记者能每时每刻地了解文章的消费情况，还能了解读者的一些行为方式。技术的改变促使我们想象什么是可能的，而读者的行为变化则促使我们思考什么是可行的。

创新也不是标新立异，而是要解决问题，包括一些老问题，比如受众分析。《卫报》的一位资深编辑这样说：以往当编辑，对读者的喜好基本上是猜谜语，而现在则能够知道我们猜对了没有。

一位从《纽约时报》跳槽到《赫芬顿邮报》（*Huffington Post*）的主编说：在《纽约时报》时，你按下"发表"的按钮，你的工作就完成了，而在《赫芬顿邮报》，你文章的生命才刚刚开始。

以上 12 条主要是从商业模式和企业管理的层面讨论，不涉及新闻专业主义的形而上层面，比如说媒介的政治使命和社会责任等。以上的议论还有赖于一个前提，那就是企业家或者新闻人在办报。之所以这样说，是因为在许多情况下，不是企业家或者新闻人在办报，而是政治家在办报，中外皆然。在中国的体制下，当然是政治家办报；而在西方资本主义的体制下，在很多情况下也成了"政治家"办报，比如说一个报社的老总考虑更多的是如何进入或者保住在董事会的位置，这也是"讲政治"的一种。

【注释】

❶ RYFE D. Can journalism survive？an inside look at American newsrooms. Malden，MA：Polity Press，2012.

❷ VERGANTI R. Design-driven innovation：changing the rules of competition by radically innovating what things mean. Cambridge，MA：Harvard Business Press，2009.

第 7 章 | 谁来豢养看门狗：社交网络时代新闻媒体的商业模式

　　新闻业的商业模式有其特殊性，因为它不单单是商业模式。其纠结之处在于：一般的企业只需要遵循商业的逻辑去建立生存和发展模式，而新闻业则需要同时遵循两套逻辑：商业逻辑加公共服务逻辑。说白了就是要求新闻业做一个又红又专的"自干五"，在商不能言商，非常拧巴。

这个问题的讨论需要先设定一个前提，即一个身心健康的新闻业是不可或缺的。所谓身，就是自由、独立，有稳定的、可持续的生存发展模式；所谓心，就是以追求真相、公共服务为使命，讲伦理、负责任。通俗一句话：安身立命。但是，如果真像不少人所说的那样，这是个专业新闻终结的时代，这个讨论就没有什么意义，也根本不用我们这些搞新闻的人去纠结什么商业模式，新闻学院也没存在的必要，直接到商学院搬一个模式就是了。

民主社会需要一个独立、自由而强大的新闻界，这在理论上早已是教科书一样的常识，而且社交媒体时代的社会政治现实也不断表明，一个社会充斥虚假新闻和谎言将导致灾难性的后果。海量信息只有经过甄别、验证才能成为滋养我们的知识。众声喧哗的结果如果没有共识，那就只能是噪音。在许多情况下，特别是当一个社会面临重大选择的时候，社交网络不仅没有帮助人们看清方向，相反使人们更迷失。看看美国总统大选的状况就知道了，美国社会变得越来越分裂。

从这个意义上说，社交媒体时代比以往任何时候都需要一个独立、自由和专业的新闻界。不妙的是，传统新闻行业现在可以说正处于存亡的最后关头，挣扎了二十多年，仍没有找到一个较为清晰而有效的商业模式。

新闻业的商业模式有其特殊性，因为它不单单是商业模式。其纠结之处在于：一般的企业只需要遵循商业的逻辑去建立生存和发展模式，而新闻业则需要同时遵循两套逻辑，商业逻辑加公共服务逻辑，说白了就是要求新闻业做一个又红又专的"自干五"，在商不能言商，非常拧巴。

问题的复杂性还在于这不仅仅是科技大变革的时代，更是一个政治、经济、社会和文化大变革、大动荡的时代，新闻媒体的变革在这个背景下发生并且受制于这个大背景，许多媒体的问题不是媒体自身能够解决的。但是，这并不等于说，新闻媒体只能消极被动地随波逐流。相反，于公于私，新闻媒体都必须积极主动地去探索新的生存模式。就生存模式来讲，别的也许一时看不清楚，但有一点是非常明确的：过去的老皇历再也翻不下去了。

百年生意经再不灵光

古登堡发明印刷机距今将近六百年了。六百年间，伴随着资本主义的工业化、现代化，传播科技的革命浪潮翻江倒海。但是，在这万千变化之中，一个非常有意思的现象是，新闻传播业任凭风云变幻，我自抱定一个模式，海枯石烂，名利双收。什么模式？资本主义工业化大生产，把受众卖给广告商。要素有两个，一个是规模，一个是垄断。

新闻传播业几乎可以说是垄断度最高的一个行业，垄断的好处就是枪刀不动而坐享其成。在运营模式上，必然因循守旧。别的不说，就报纸这一产品来说，直到现在依然是 19 世纪的模样，而且为此沾沾自喜。《今日美国》1982 年创刊，开始在头版发大幅彩色照片，一时被批评为离经叛道。直到今天，报纸还是百年沧桑的面孔和套路：先是跟你讲几段新闻，然后，不管你有没有兴趣，都必定跟你说哪儿有车哪儿有房。

互联网和数字化特别是社交媒体的出现彻底颠覆了传统媒体的盈利模

式。市场垄断被打破，由此规模不再，旱涝保收的眼球换金钱的经营模式一去不复返了。市场上有了新玩家，有了新的内容生产方式，媒体消费方式、地点都有了根本性的改变。

最致命的打击是，报纸广告投放量跳崖式下降，十几年间丢了三分之二。为什么广告商跑了呢？受众跑了呗。跑哪里去了？跑网上去了。那就去追啊！当然追。传统媒体十几年前就开始了上网运动。但是，不好意思，网上是别样的天地别样的江湖，呼风唤雨的是财大气粗的新贵，先有雅虎、亚马逊，后有谷歌、脸书和推特。传统媒体到了网上犹如一个繁华都市街头的乡下人，局促如鲁迅笔下的闰土。到了网上依然照搬百年的经营模式：吸引眼球，卖给广告商，好比孤岛上的渔夫，世世代代只会打鱼晒网。不料想，网络广告这块蛋糕已被新贵们瓜分大半，单是搜索引擎就拿去了40%，分到传统媒体口中的少得可怜。雪上加霜的是，网络广告价格严重缩水，网上都是"贱人"，同样的眼球，网上的价值不及网下的三分之一。为什么？因为"贱人"就是矫情，非但不看广告，而且居然使用广告阻拦软件。网民总要消费，总有信息刚需吧？那是当然，但获得的途径首先是朋友圈啊，搜索啊。这就是为什么搜索引擎和社交媒体赚了大钱。单是脸书，一年稳赚60亿美元。想看新闻的话，社交媒体都有啊。脸书不但抓住了人的注意力，收集了详细的个人信息，还成为人们获得新闻的主要平台，把自己打造成了印钞机器。所以有的媒体老总愤懑不已，说：脸书不死，"鲁难"不已。但这又能怪谁？谁让你面对着21世纪的顾客，还在兜售19、20世纪的产品？您那家百年老店的商业模式所依赖的技术、经济、政治、社会和信息环境已不复存在。正如美国著名新媒体专家詹金斯所讲：一统天下的眼球模式已经系统性崩盘。❶

要说媒体得病也不是一天两天的事，从20世纪90年代末喊狼来了开始，二十多年间，新闻媒体对待挑战的态度基本是傲慢加偏见，认为自己才是正规军，别人都是小玩闹，当意识到威胁以后，无奈噩梦醒来是黄昏，时间已经不多。

从历史上看，报纸的商业模式其实也经历了不断的冲击和挑战，包括电台、电视等，为什么能够有惊无险屹立不倒呢？非常简单，通过商业手段或者政治手段摆平。比如可以把竞争对手扼杀在摇篮里，可以兼并买下，即使有杀不死买不下的，也可以通过协商搞定，大不了分你一块蛋糕，反正自己也吃不完。而现在，你的竞争对手是被新技术武装起来的网络媒体和社交媒体，而这些媒体背后站着的是自己旧日的受众，得人心者得天下，谁吃掉谁还不一定。

《洛杉矶时报》前高级副总裁，现为南加州大学新闻学院教授的尼克·米尔（Nicco Mele）警告说，如果未来三年还像前三年一样，美国 50 家最大的报纸，将会有三分之一到一半撑不下去。此言绝非危言耸听，单拿业界的标杆和领袖《纽约时报》来说，2000 年的时候，收入为 35 亿美元，利润率为 11%，而 15 年后，收入只有 15 亿美元，利润率不到 2%。

敢问路在何方

现如今的媒介生态完全不同了，一大批闯入者加入信息的生产和传播过程中，包括市场的、非市场的，营利性的、公益性的，组织的、个人的。但是，就新闻生产来讲，70% 的原创依然由传统媒体来完成。然而，传统媒体赖以生存的商业模式几近崩溃，赔本赚吆喝不是买卖。众声喧哗、杯盘狼藉之后，问题来了：谁来埋单？

总结起来，大致有下面几种思路。

第一种比较干脆：物竞天择，适者生存。其中又可分为悲观派和乐观派。悲观派感叹，万物皆有始终，该来的总会到来，有心灭贼，无力回天。乐观派认为，车到山前必有路，传统媒体的末日不是世界的末日，死了新闻界，自有后来人。人类历史长河中，报纸和广播不过是小小浪花涟漪，没有新闻媒体，人类不也一样发展下来了？

第二种可称作科技决定派，认为科技的问题自然会被科技解决。麦克卢汉说媒介是人体的延伸，将来的科技发展，使人们可以有千里眼、顺风耳，根本不用通过第三方来获得信息。人类都要移民火星或者别的什么星球了，这地球上的问题还是问题吗？

以上两种听起来都有些道理，也可以期待，但问题是眼下怎么办？

第三种公民新闻论，意思无非是说，如今社交媒体时代，人人都可以生产传递新闻，公民新闻完全可以取代原来的传统专业媒体，满足人们的日常信息需求。传统新闻媒体可以扮演一个组织者或者别的什么角色。公民新闻的一个大问题是认为新闻和信息可以是业余行为，不考虑成本。问题是世上没有免费的午餐，不说别的，单就采访和写作来讲，是需要非常高的时间成本的。退一万步讲，即使社交媒体的公民新闻可以自我牺牲，写作可以免费，这些公民新闻比如博客所依据的信息和知识也是需要成本的。

第四种是社会承担论，主要手段是财政补贴。其道理是，既然新闻产品不但有商品价值，还有社会价值，那社会就应该埋单，至少埋一部分的单。这一观点的鼓吹者包括大名鼎鼎的伊利诺伊大学的罗伯特·麦克切斯尼（Robert McChesney）❷和哥伦比亚大学的迈克尔·舒德森教授，提出的具体方式有多种，比如通过税收优惠、财政补贴等。但是，这条路很难走通。一是成本巨大，据估算，这样一个补贴计划，至少需要 350 亿美金的开支；

二是，如果新闻媒体接受了外部的资金，其独立性又在哪里？

第五种虽然比较小众，但近来也颇有赞成者。既然政府埋单走不通，那就应该让谷歌和脸书这样的暴发户、"寄生虫"交税费来支持严肃新闻。先不说这项税收师出何名，有何正当性，即使谷歌和脸书同意交，那同样有上面所讲的问题，即新闻业的独立性问题。

第六种，也是需要说得详细一点的是转型新媒体派。同传统媒体的煎熬不同，新媒体的日子过得风生水起，传统媒体的商业模式和生产流程被这些巨无霸公司拿去改造一番，成了吸金器。脸书的市值超过了 3 600 亿美元，是传统媒体公司的排头兵迪士尼公司的两倍，而新闻媒体的旗舰《纽约时报》的市值只有 20 亿美元。而这 20 亿美元还是个估值，如果真撑不住要卖的时候也许都到不了这个数。2013 年，亚马逊老板杰夫·贝佐斯买下《华盛顿邮报》只用了两亿五千万，有人还说买贵了。

既然新媒体公司基本用的也是传统媒体的盈利模式，那嘴边的一个问题就是，为什么传统媒体不能向新媒体公司学习呢？为什么不能转型成一个脸书那样的公司，或者同脸书进行战略合作呢？

需要指出的是，虽然不能说新媒体公司是传统媒体的寄生虫，但新媒体确确实实是在传统媒体提供了内容的前提下才发展兴旺起来的。但是，新媒体可以依据旧的媒体环境发展壮大，但反过来不一定成立，至少不会那么顺当。或者我们可以从另外一个角度来理解做内容的传统媒体同新媒体有什么根本不同。马克·扎克伯格不止一次非常明确地宣布脸书不是一家媒体公司，而是一家高科技公司。他说的并非没有道理，因为脸书并不做内容。问题是，它的盈利模式的的确确是媒体公司的套路。扎克伯格绝顶聪明，反复强调我们不做内容，为什么？有别人替你做，又为什么要自己做？脸书也同样明白做新闻内容的挑战性，在目前的媒介生态环境下，做内容多半做不过做平台和渠道的。即使做内容，肥的也是那些做内容整合的。近传中国的搜狐要放弃门户网站的模式而做平台，或许有这方面的考虑？

即使传统媒体可以转型成新媒体公司，在网络世界里，你也未必玩得转。虽然你是百年老店，曾是大哥大，但在新媒体的江湖里，你是初来乍到的小弟。另外，光脚的不怕穿鞋的。新媒体公司可以堂而皇之地在商言商，而新闻媒体则永远戴着公共服务的紧箍咒。扎克伯格死活不承认自己是媒体，难道精明在此？

那么，可以换一个思路：与社交媒体绑在一起，搞战略合作可以吗？现在的问题是，绑你根本不需要你同意，奢谈什么战略合作？签条约也只能是不平等条约。在商业上也未必可取。当新闻媒体必须依靠社交媒体来生产、分发新闻，必须通过社交媒体来沟通用户的时候，这样的模式几乎成了影视制作公司同院线关系的翻版，冯小刚同王思聪互撕的情形就会不断重演。即使不撕，哥俩好，闷声发大财，新闻媒体的自由独立、公共服务的使命又何处安放？

也许有人会说，不是还有《赫芬顿邮报》这样的非常成功的新型新闻媒体吗？必须认识到，这些新型媒体成功的一个重要前提也是因为有了传统媒体提供的原创内容。大家都来整合，没有原创，又能整合什么？比如，对于国际热点问题的报道，《赫芬顿邮报》从不做现场报道，而是在后方整合，而这些被整合的原创，不是大风刮过来的，起码是记者的单位付了工资、路费、住宿费的。另外还需要指出的是，这些新型网络新闻媒体背后支撑的还是风投，自身的造血功能是否完备还是个未知数。

综上种种，似乎条条都是路，可又条条走不通。比较现实的出路是立足自身，试验探索出有效且能够持续的商业模式。其中根本的一项，就是网络上的内容必须变现，而变现的重要手段就是付费墙。

墙不墙，这是个问题

从目前来看，纸媒的盈利模式的重点是，在最大可能地守住纸版的广告收益额的基础上，通过各种方式把网上的内容变现。

网上内容变现的最直接的方式就是建立付费墙。付费墙是个两难问题。不收，免费不是买卖；收，究竟有多少人买账没有把握。犹如一场演出，一直免费，突然要卖票，怕就怕票没卖出去几张，连来捧场的都跑光了。原来免费好歹可以卖几个眼球给广告商，这一下可能鸡飞蛋打。

不过，经过这十多年的各种尝试以及被现实的严酷所逼，付费墙即使有风险，也必须破釜沉舟，背水一战。据美国新闻学会的一篇调查报告中的数据，美国发行量在五万份以上的报纸中，78%采取了这样那样的付费模式。其中63%用的是额度收费制（metered），即设定免费额度，超过额度需要付费订阅；大约12%采用等级制（freemium），即一般新闻免费，而专题报道或者特定内容收费；而3%建立全部收费模式。德国和澳大利亚的几家大报也在2013年前后建立了付费墙。在英国，《金融时报》和《泰晤士报》从2010年前后开始收费，《太阳报》在2013年开始收费，不过两年后又不得不拆掉了付费墙。

第一种额度收费制是大众做法，比较成功的是《纽约时报》，基本实现了两全其美：愿意付费的核心用户争取到了，同时也留住了免费用户凑了个人场。目前，《纽约时报》的付费订阅用户估计达到了160万，且势头良好。

虽然《华盛顿邮报》也采用了额度收费制，但其商业模式的亮点在于合作。除了和同是一个老板的亚马逊进行多重合作以外，《华盛顿邮报》还在 2015 年推出一个同地方报纸合作的项目。同其合作的地方报纸的订户可免费成为《华盛顿邮报》的订阅用户（大约 100 美元的价值）。这是个双赢的结果，地方报纸不用多花一份钱而增加了其产品的附加值，而《华盛顿邮报》则通过此举几何式地扩大了自己的全国用户，因为《华盛顿邮报》毕竟不是一份全国性的报纸，单凭自己的力量很难争取到除华盛顿特区以外的读者。难怪《华盛顿邮报》的浏览量曾一度超过了《纽约时报》。

第二种等级制，一般的新闻免费，而特定的内容必须是付费。类似飞机的经济舱和商务舱。这个实行起来的难点，在于你如何界定哪些是头等舱的内容和服务，而哪些是经济舱的内容和服务，如何说服人们相信你的头等舱是真的物有所值。

第三种全部收费模式是典型的硬着陆，代表报纸是美国的《华尔街日报》。《华尔街日报》从 1996 年开始收费，是第一个也是当年唯一一个网上收费的报纸，全年的订阅费用为 50 美元。英国的《金融时报》也是这一模式的实行者，目前有 52 万付费订户。但是，这个硬收费模式可能只有金融信息类的专业报纸才能做到。首先，金融信息是硬产品，涉及切身利益，用户更愿意埋单；其次，区区几十美元对于《华尔街日报》和《金融时报》的用户来说实在是九牛一毛。但是，切记有些事西施可以做，东施不一定。比如，同样在纽约地区的《日闻报》（*Newsday*）就犯了这样的"东施错误"，2009 年其开始实行硬付费模式，结果 3 个月过去，只争取到 35 个订户，不得不回到免费的模式上来。

第四种付费模式是微收费模式（micropayment），就是按照单篇文章收取费用。2015 年，加拿大的《温尼伯自由报》（*Winnipeg Free Press*）开始施行微收费模式。用户有两种选择：每月 17 加元的包月无限制阅读，或者是每篇文章 27 加分。不过，试行了半年后就不得不停止，因为收益太小，干脆回到了免费模式。

收费模式还有一个比较纠结的问题：究竟收多少钱合适，而实行额度制的话究竟免费几篇。这个没有一个确定的计算公式，各家只能根据实际情况小心制定。总体来看，每周的费用平均 3 至 5 美元不等。至于免费文章的额度，也是根据报纸的大小和性质来确定的，如果是像《纽约时报》这样的大报，每天每人可以看 10 篇免费文章，而地方小报就不敢这么大方，为什么？因为你每天的原创新闻也不过就十多篇。

同收费相对的是免费模式。也包括两种形式，一种是无条件免费，英国的《卫报》采取的就是这种模式。这是对传统盈利模式有信心的一种做法，相信通过优质的内容能够吸引用户，通过网络广告收入来维持生存和发展。一开始势头还不错，但是没想到被广告拦截软件釜底抽薪。用户都把广告拦截了，广告商的钱岂不是白投放了？谁还会拿真金白银来打水漂？第二种是有条件免费模式，或者叫调查墙模式（survey wall）。比如说，非付费用户需要回答谷歌消费者调查问卷的一到两个问题才能浏览内容，而谷歌根据问卷回答的问题数目来付费给报社。2014 年，密苏里新闻学院主办的商业报纸开始采用这一模式，据说收入可观。

再有的就是比较极端的散伙模式或者末日模式。反正是活不了几天了，与其挣扎，不如识时务。利润下降，我就节约，最简单的就是开人，凑合出版，直接或者变相出卖版面，把最后的一点利润榨干再说。

单就内容收费这一个层面来讲，报社先要提供优质的内容，提供更高的附加值，同时，也有赖于读者消费心理的改变。从目前来看，网络免费的观念根深蒂固，改变需要时间。路透社的一份付费新闻调查报告显示：

75%的受访英国人，无论什么价钱，都不会付费，愿意每月出 10 英镑的不到 1%；美国的情况也差不多，67%的人拒绝付任何费用。

虽然 2016 年美国大选过后，几家大报如《纽约时报》《华盛顿邮报》订阅用户有明显的增长，但目前尚不能确定这是特朗普上台后左派群众的情绪性反应，还是说传统新闻的失落真的已经触底，开始反弹。更重要的问题还在于，美国区域性、地方性新闻媒体的日子依然严酷，也许还没到真正的寒冬，更谈不上什么回春的希望。

以上所讨论的付费模式其实都笼罩在一个大的悖论之中：这些模式对于商业来说也许是好的模式，但对于新闻专业主义来说，对于新闻应该负起的政治和社会责任来说，未必可取。新闻业需要生存才能提供公民社会需要的信息，但是，看新闻付费等于变相地把新闻标上了价码，影响到最需要信息的社会弱势群体的知情权，直接制造信息不平等，同民主社会赋予新闻业的使命和理念可以说背道而驰。

但，这似乎不是新闻业自身能够解决的问题。

这也真应了某报社老总的话：一谈新闻咱可以口吐莲花，一谈商业模式就哑口无言。

【注释】

❶ JENKINS H. Convergence culture：where the old meets the new. New York：New York University Press，2006：66.

❷ MCCHESNEY R，MICHOLS J. The media revolution that will begin the world again. New York：Nation Books，2010.

❸ DOWNIE L，SCHUDSON M. The reconstruction of American journalism. Columbia Journalism Review，2009.

第8章 | 内容何以为王?

　　传统的媒体内容生产像是食堂备餐，菜单早就被理念和传统确定好，无非两大内容：一个是觉得你爱吃的，另一个是觉得你该吃的。而新媒体时代的内容需要两个特质，一个是黏性，另一个是可分享性。内容需要受众去评论，去开撕，去转发，发出去仅仅是这个传播过程的开始。学术界有句俗语叫不发表就发霉，而在社交媒体时代，只发表是不够的，必须刷屏。不刷屏，死；刷屏慢了，还是死。

"内容为王"在当今的传媒业恐怕是最容易开撕的一句话。说内容重要没毛病,"王"字则比较敏感,不称王相安无事,称王一万个不服。你说内容为王,我还说技术为王呢。理论上讲,技术决定论的学术市场不小,至少有个多伦多学派包括新媒体宗师麦克卢汉在那里撑着。实践上看,互联网血淋淋的发展史一再证明,优质的内容往往称不了王,叫好不叫座不是例外是常态。

说起来喊句口号励励志表表态也没什么错,只是别忘记任何响亮的口号都可以有咽下去的后半句,比如说"内容为王,渠道为后!""内容为王,读者为上帝!"另外,如果真较真的话,内容和形式也不好绝对区分。网红是内容还是形式?Papi酱比罗胖子更有内容?书法作为一种艺术,内容和形式怎么区分?线条和笔墨是内容还是形式?

即使能够把内容与形式一剖两半,那形式的作用也不可小觑。中国菜讲究色香味,盘子都能影响到菜的味道。在信息传播上,形式也往往影响到内容。有这样一个实验,要求参与者去10个网站查找有关高血压的医疗信息,随后问他们是否相信,什么原因。出人意料的是,94%的不相信者给出的理由竟然是因为网页的设计和编排。

所以,单就内容为王一句口号争论,除了过过抬杠的瘾,意义不大。内容当然重要,当然可以为王,因为无论什么平台,什么媒介,融合也好,转型也好,最终落地的还是内容。没有内容的王哪来渠道的后?因此,与其去争论内容为王,还不如讨论一下内容何以为王。

媒体内容: 想要的与需要的

　　理想中的媒体内容是丰满的,同时也是清高、傲慢的。这是由新闻媒体的使命、定位以及价值观决定的。新闻媒体作为民主体制的一部分,首要任务是监督权力,保证公民的知情权。编辑和记者肩负神圣使命,是公众信任的把关人,因此,新闻媒体的内容首先要满足公共服务的功能。

　　但是,现实是骨感的,且多是无奈的。媒体首先是个企业,理想当不了饭吃,特别是目前,传统媒体严重营养不良,生存空间越来越小,生死都成了问题。达尔文说过,物竞天择,适者生存。注意他老人家说的是“适者”生存,而不是最好的或者最强的生存。因此,新闻媒体必须放下以往的清高与傲慢,俯身接地气。毕竟人民群众除了公共生活,主要关心的依然是老婆孩子热炕头,信息消费行为的主要推手是个人利害与需求。

　　长期以来,媒体内容无非围绕着两个方面纠结。一是人们想要的(wants);二是人们需要的(needs)。

　　人们想要的,简单说来无非七情六欲的满足,而且许多时候不是那么冠冕堂皇高大上。互联网上的流量最大的内容是什么?是色情!

　　人们需要的,指的是自己不太感冒但必须拥有才能完成自我实现和社会责任的,比如说政治、经济、社会资讯。想要的和需要的在一些时候是重合的,但在多数时候是冲突的。

棘手的是，人们对自己想要什么，尤其是需要什么，其实并不那么清楚。几十年的研究结果表明，受众自己对这些问题大都模棱两可。某些时候说喜欢时政新闻，媒体应该提供硬货、干货，而在另外一些时候，又开始抱怨新闻媒体内容冗长枯燥，不接地气。

这也是新闻媒体在决定内容方面一个特别遭罪的地方。其他行业可以堂而皇之完全靠市场导向。市场需要什么，我就生产什么；什么有利可图，我就提供什么。其他行业说顾客是上帝，理直气壮，但新闻媒体说这个就是三观有问题，因为真相才是上帝。新闻工作者的第一忠诚不是市场，不是老板，也不是受众，而是事实与真相。

传统的媒体内容生产像是食堂备餐，菜单早就被理念和传统确定好，无非两大内容，一个是觉得你爱吃的，另一个是觉得你该吃的。

传统的内容生产，编辑的价值观与消费者的价值观重合度高固然好，但拧巴了也不要紧，因为新闻媒体占据垄断地位，消费者的地位是卑微的，基本没有话语权。如今媒体生态发生了根本变化，面对的是智能手机连接起来的网络社会。2015 年皮尤研究中心有个调查，发现 64% 的网络用户通过社交媒体获取新闻，其中 52% 的用户还分享了新闻。以前媒体对于内容的消费情况是通过非常原始和简单的方法获取的，比如订户的变化、报刊亭的销售情况、读者来信等等，有时全凭编辑和记者的第六感。现在呢，可以实时跟踪每篇文章的消费情况和读者的消费行为。

那么这些社交网站用户消费的都是哪些内容呢？

根据皮尤研究中心 2013 年的一个调查报告，人们青睐的内容项目排序如下图。

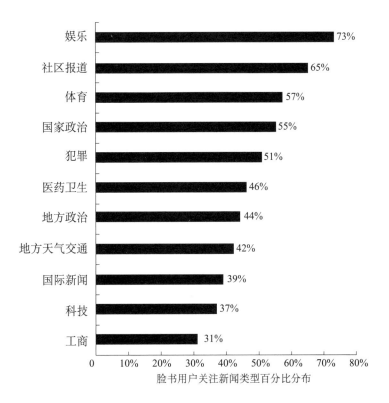

脸书用户关注新闻类型百分比分布

　　从上图可以看出，娱乐新闻坐了头把交椅，紧随其后的是社区报道，也就是所谓老百姓自己的故事，然后是体育，其次才是国家政治、犯罪和医药卫生。倒数三位分别是工商、科技和国际新闻，居然排到了地方天气交通后面。通俗一点解读：人们考虑最多的无非要爽，要玩，要保养身体。看来，过去新闻教科书上总结的三大内容机灵点依然在抖机灵：金钱、健康和安全。抓住了这三点，你就抓住了基本队伍。再发挥一下：内容如果是明星八卦，比如王宝强离婚声明，73%的受众会去关注；如果你做国际或者科技报道，你就是用了洪荒之力，也争取不到40%的用户。

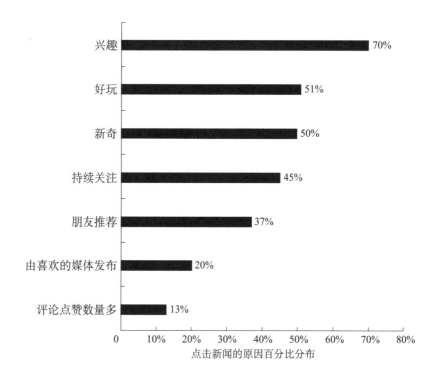

兴趣 70%

好玩 51%

新奇 50%

持续关注 45%

朋友推荐 37%

由喜欢的媒体发布 20%

评论点赞数量多 13%

0   10%   20%   30%   40%   50%   60%   70%   80%

点击新闻的原因百分比分布

　　第二张图也比较有意思，是关于点击链接的理由。第一个回答不意外，当然是兴趣，第二个居然是好玩，第三个是因为新闻比较奇特，其实还是说好玩，第四个持续关注，第五个是朋友推荐。简单解读一下就是，内容要有意思，最好在朋友圈有人分享。

黏性和分享性：内容如何为王

　　没有臣民何来王。内容只有被人消费才谈得上王，不然即使成了王，也只能是众叛亲离、孤苦伶仃的李尔王。

　　传播科技的发展，改变了媒体的生态环境和生产方式，人人都可以是记者和出版人，参与到内容的生产和推广过程当中。这直接产生了两个后果：一个后果是没有了死亡线（deadline），随时都得抢新闻。不少记者感慨：现在才知道，以前有个死亡线真好啊，因为只有跨过死亡线才死，而现在则是时刻坐在地雷上，分分秒秒不安生。另一个后果是，在发行过程或者说整个传播过程中，内容生产越来越依赖大众的参与。内容需要受众去评论，去开撕，去转发，发出去仅仅是这个传播过程的开始。学术界有句俗语叫不发表就发霉，而在社交媒体时代，只发表是不够的，必须刷屏。不刷屏，死；刷屏慢了，还是死。

简单归结到一点，就是内容必须有受众的参与和分享才能成为活的内容，才有可能成为王。那么，在社交媒体时代，活的内容或者有望成为王的内容大致具备哪些特性呢？

1. 黏性

前网络时代的媒体貌似也是考虑内容的吸引力的，比如强调内容的可读性，使用图片和插图，有漫画与填字游戏等等。但是，黏性（stickiness）是个新媒体才有的概念，说的是网络内容本身吸引读者的时间长短以及读者的身心投入程度。传统媒体其实不太关心读者如何被内容"黏住"。拿报纸来说，报纸每天凌晨通过配送系统被扔到用户门前，订户读没读、读哪篇，影响不是太直接。报纸只要有订户，就会有广告，特别是当地分类广告。如果一家媒体在特定城市能够达到垄断地位，那几乎可以衣食无忧。从这个意义上讲，传统媒体在许多情况下，内容其实不是王，用户和渠道才是王。

网络出现以后，传统媒体的垄断地位被打破。但是在社交媒体出现以前，对传统媒体威胁最大的不是内容，而是渠道，出现了内容整合网站如雅虎等。而网上世界完全是新的玩法，比如说有研究认为，网上根本没有"阅读"，只有"浏览"。皮尤研究中心的研究数据表明，网民平均停留在一篇新闻上面的时间不超过三十秒，许多也就几秒钟，看个标题而已。这也许能解释为什么人人唾弃标题党，而标题党却长盛不衰。

互联网的逻辑根本不计较你是否读了，读了一段还是一半，点我就代表你爱我。你的点击会自动算到该文章的点击量上，从而提高该文章的排名，而由此引来更多的点击，循环往复，水涨船高。

面对这种蜻蜓点水式的阅读，最不淡定的是广告商。如此短暂的时间，内容都不去读，谁还会去关心广告？这也是网络广告效果差的原因之一。要想广告产生效果，起码要努力延长网民在网站的逗留时间，由此就需要加强内容的黏性，把人留住。

增加黏性的办法五花八门，有聪明的，也有笨拙的。

聪明的办法有很多，比如改善内容呈现的方式和形式，包括色彩、图片、图标、标题、文字风格等等。

笨拙的办法也有多种，比如一页能讲完的非要分页，或者问个问题，翻页才给你答案等。这些考验读者耐心的做法增加不了黏性，相反倒增加了离心力。

交互性可以视为黏性的一种方式，注重的是客户体验。通过技术支持，读者可以参与其中来身体力行。《纽约时报》曾发表过一篇买房还是租房的报道，其中一个交互功能可以让读者把自己的情况填进去，看自己是买房还是租房划算。这种交互性和参与性可挖掘的东西很多。例如，北京和上海最近都出台了积分换户口的政策，文字叙述非常复杂、烦琐。如果附带一个交互性的东西让读者自己填写自己的情况，随时得出结果，一定会非常受欢迎。

这种交互性和体验性再深入一步就是目前很火的 AR 和 VR——增强现实和虚拟现实。

如今是社交媒体统领天下的时代。社交媒体成为新闻消费的平台和渠道，而不是原来的新闻网站。因此，内容的另外一个特性开始变得尤为重要，那就是分享性。在网络时代，关键不是你拥有什么，而在于你能分享什么，以及你分享的东西是否有分享性。

2. 分享性

分享是介入传播过程最为直接和便捷的方式。分享性（spreadability）按照美国著名新媒体学者詹金斯的定义，指的是某种可以使特定内容更易于流转的技术资源和特性。❶这个特性影响受众的参与，影响受众决定是否要分享，以及传播的广度和深度。

据美国皮尤研究中心的最新统计数据，社交媒体使用者超过半数都分享了新闻，46% 参与了讨论。当今的新闻内容消费方式，不是以往的有意的、主动的阅读，而是碰撞式的偶然阅读，阅读或者转发在很大程度上是因为朋友转了。

媒体内容的分享性还得益于科技发展。社交媒体的应用和功能做到了傻瓜级，分享变得特别容易，成为人人会变的把戏。

分享性的关键是时间的短平快。人们常说，在互联网上，你只有 10 秒钟去吸引你的读者。皮尤研究中心 2015 年进行了一次大规模的读者网上阅读行为调查，跟踪了三十个网站，七万五千条新闻资讯，一亿多网民的信息行为片段。结果表明，社交媒体上的资讯都是短命鬼，80% 的阅读发生在第一天，90% 的阅读在第三天已经完成。

新闻基本是一次性消费。由此说来，再优质的内容，如果不在第一时间被分享，都是死路一条。当然，如果运气好，被疯狂分享，那就成了可遇不可求的病毒式传播。

黏性和分享性分别属于两个不同的传播模式。黏性的传播模式是一点对多点、单向，而分享性的传播模式则是多点对多点。黏性依然是传统的，受众是分散的、孤立的，是单个的经验，而分享性则是开放的、网络化的。前者是持久战，最好从一而终，而后者往往是速战速决，浅尝辄止。在黏性的语境中，读者并没有直接参与到内容的创造和扩展中去，生产者和消费者的界限依然分明，而分享性则模糊了这些界限。

虽然二者有多种差别，但却同是社交媒体时代内容胜出的重要特质，可以通盘考虑。因为光有黏性是不够的，社交媒体时代，没有分享就没有传播；同样，仅仅有分享也是不行的。研究发现，将近40%的分享的链接根本没有被点开，也就是说40%的东西是为了转发而转发。转发不代表阅读，更不代表欣赏。这个正如我写的这篇文章。刚发到朋友圈不到一秒，就有点赞转发。我有自知之明，肯定有不少朋友是碍于面子点赞和转发的。个别情况如此也就罢了，如果整个社交网络的虚胖和变态被当了真，进而推论为大众想要的和需要的内容，就比较麻烦了。

【注释】

❶ JENKINS H，FORD S，GREEN J. Spreadable media：creating value and meanings in a networked culture. New York：New York University Press，2013.

第9章 | 熟悉的陌生人：社交媒体时代的受众

新闻生产进入后工业化时代，受众凭一部爱疯（iPhone）就可以闯入、完成大部分的生产流程。而更可怕的是，这些闯入者不仅全副"武装"，而且通过社交媒体联合起来。他们不但闯入传统媒体的世袭领地，而且还开疆辟土，自己嗨起来。

一切传播行为，人是主体，也是目的，所以谈媒体变革，不能不谈受众。

社交媒体时代的受众是熟悉的陌生人。熟悉，是因为社交媒体时代的传播渗透到每分每秒每个角落，每个人自己就是受众，包括媒体人自己；陌生，是因为经过新媒体洗礼的受众，已全然不是昨日模样，犹如川剧的变脸，随时随地都在扮演不同的角色，其所作所为已经不是大众传播时代的"受众"这一概念能够概括和解释的了。

传统的受众描述起来比较单纯，是手捧报纸的读者，是看电视的观众。媒体的使用，可以清晰地表达成读报纸、听广播、看电视等等。那现在呢，我说我上会儿网，那我是什么样的受众？边玩游戏边看视频还要弹幕吐槽外加刷朋友圈的 90 后千禧后是不是受众？Papi 酱的粉丝又是谁的受众？

麦克卢汉在《理解媒介》（*Understanding Media*）中强调了这样一个观点：每一项新科技都会创造出一个全新的人类环境，人创造技术，技术也创造人。❶当整个媒体生态发生了根本性的改变，媒体的受众不可能不变。你不需要细想，只需去地铁车厢里看看，除了打盹的和养神的，余下的每个人都在干什么，你就会理解什么叫媒介改变了生活。

而当你想想退休的大爷大妈都在玩 QQ，再想想 90 后和千禧宝宝们已经成为受众的中坚时，你肯定会有不少看不懂、拿不准、说不好的感慨，甚至开始怀疑"受众"是否还是个有用的概念。当然，受众本身就是学究语言，老百姓听到的是各位观众、各位听众，什么时候听到过各位受众？

我们在这里重点讨论社交媒体时代受众的变化和特征。先谈谈受众的历史演变，然后梳理一下现在的受众究竟有什么不同。

受众演变：从 1.0 到 3.0

沿着传播的发展历史，可以粗略地把受众分为三个时代：前大众传播时代、大众传播时代、后大众传播时代（社交媒体时代）。也可以简称为受众 1.0、受众 2.0 和受众 3.0。对应于社会发展，就是工业革命前（pre-industrialization）、工业革命开始和完成（industrialization）、后工业革命（post-industrialization）这三个时期。

1. 受众1.0　公众的对话

英文的 audience（受众）一词大约出现在中世纪。从词根上看，同声音有关，倒也符合当时受众的特点。据考证，直到 19 世纪中叶，audience 的意思才开始包括读书人。

大众传播时代的受众意义就宽泛多了，几乎囊括了一切使用大众媒介获取信息的人，书报有读者，电台有听众，电视、电影有观众。

受众这一中文对应词的出现大约是在 20 世纪 80 年代初，传播学传入以后。受众这个中文翻译相当形象、准确："受"可引申为被动接受，而人多为"众"。

这个时期的受众特点在于"众"，公众的众，即英文的 public。往前可追溯到两千多年前的古希腊、古罗马，苏格拉底、柏拉图理想国时代。这个阶段的"受众"简单明了，是听众和观众，是即时的、现场的，是对话和交流。对话和交流的内容是政治、社会、文化等公共事物，形式是演讲，是戏剧，发生地是广场，是剧场；它是面对面、非媒介的；它是小众的。当然，对于那个时期的受众的性质也不能理想化，因为它并不是完全平等的公众对话。一如传播学者罗塞里（David Kawalko Roselli）所说，在古希腊和古罗马，公众并不是全部，别忘了还有阶级，还有奴隶。❷

自此两千多年，王朝兴亡，沧海桑田，传播的媒介与时俱进，但是，传播的形态没有根本的改变，"受众"的基本特性也没有改变。

2. 受众2.0 注意力商品

1440 年，古登堡发明了印刷机，书籍逐渐成为大众消费品，人类社会开始走进大众传播时代。随后五百年间，特别是近一百多年，传播科技经历了一个又一个飞跃，电子模拟技术到达顶峰。印刷技术、摄影、电报、电话、电影、电视等媒介全方位地改变了人类的生活，也改变了人本身。

前面说过，1.0 时代，"受众"的本质是公众的对话，那么，大众传播时代的受众最重要的特点或者本质是什么呢？这个问题，任何一本大众传播学教科书都可以洋洋洒洒地讲一两个章节，不外乎说受众是线性传播模式中被动的大多数，在政治生活中是被忽悠的对象，在经济生活中是消费者等。传播学几乎所有的理论，比如宣传理论、涵养理论、议程设置、批判理论等都是以此为基本前提的。所谓受众就是信息传播的对象和接收者，是被影响者。

这些理论取向都有道理，但都没有点到大众传播时代受众性质的穴位。接收信息其实并不是受众的本质，更不是媒体组织的终极目标。受众是消费者不假，但不是媒体内容的消费者，而是工业商品的消费者。在注意力经济模式下，广告商才是媒体的客户，而受众不过是媒体用来同广告商交换的商品，所以，刻薄一点讲，媒体生产的不是内容，而是受众，受众的本质是商品。

所以，粗暴简单的结论是，大众传播的过程就是把 1.0 的公众变成受众，把公民的对话（conversation）变成媒体单方的训话（lecture）的过程。

即使标榜公共服务、公共利益的新闻媒体，也总是沉浸在把关人的傲慢之中，从未真的降下身段，同受众进行平等的对话。曾有《芝加哥太阳时报》（*Chicago Sun-Times*）的一位著名专栏作家，在回复读者的邮件里这样教训道："你不赞同我的观点或者感觉被我的言论侮辱，这个实在不重要，至少对我来说如此。这不是对话，而是上课。你要么洗耳恭听，要么走人，而不是站起来嚷嚷。"

《洛杉矶时报》的一名著名记者在谈到自己 32 年的记者生涯时说："我基本不怎么考虑读者。我脑子里每天都是竞争对手，想着如何把他们打趴下。"

也许有人要问，大众传播时代受众的本质是商品，这样的结论是不是过于武断、片面？是不是太不厚道？毕竟新闻媒体特别是广大的新闻工作者在理论和实践上都还在苦撑着新闻专业主义，我们不是还有调查新闻，还有普利策吗？

问得有道理。大众传播时代媒体始终存在两条路线的斗争。一条是新闻专业主义的上线；另一条是资本、市场、商业的底线。新闻专业主义相对的是培育公众（public），而资本的底线，就是要把受众变现。这两条线重合是例外，分离是常态。随便提一句，新闻学院不是既有新闻专业，也有广告和公关吗？这正是这两条线的反映，看似分裂，其实和谐。

在两条线的较量中，毕竟资本是底线。把受众变成整天盯着电视的所谓沙发懒土豆（couch potato）符合电视台作为企业的根本利益。遥控器不是为了方便，而是鼓励懒惰。所谓媒体忠诚度，无非就是"葛优瘫"。

3. 受众3.0 熟悉的陌生人

20 世纪的百年间，媒介科技发展可谓风起云涌，每一种新媒介的出现都必然威胁到旧有体制以及既得利益集团，新旧力量冲突激烈。仔细观察一下冲突过程和结局，就会发现一个非常有趣的现象：既有媒介体系在一遍遍的"狼来了"之后，不但化险为夷，而且还能因祸得福。电台的出现并没有颠覆报纸，电视也没能让电影公司倒闭。媒体帝国犹如独裁政权，对于任何挑战，首先是扼杀在摇篮、赶尽杀绝，如果不能奏效，便会招安、利用和改编。

好莱坞抵制录像机的诉讼官司一直打到美国最高法院，要求法院对录像机实施全面封杀。报纸也曾经严禁电台广播自己的内容。电影业曾死活不向电视台出售电影的播映权，不管你出多高价钱，就是不卖，就是要饿死你。而三板斧过后，如果实在顶不住，就会去拉拢、招安和利用。比如报纸会买下电台，电影公司会经营自己的音像出租网络等等。

实际上，在互联网发展的初期，传统媒体采取的也是这个套路。先是因为傲慢而蔑视，觉得网络这东西成不了气候，后来被忽悠，免费提供内容上网，等醒悟过来，马上又开始封杀，同时建立自己的网站，搞媒体融合。

可惜这一次这些威逼利诱的招数统统不灵了。为什么？因为被从未防范过的闯入者搅了局。而这闯入者不是别人，正是纽约大学杰·罗森教授

（Jay Rosen）所说的"原来被叫作受众的人"（people who were formerly known as the audience，PWFKA）。罗森是在 2006 年的一篇博客里提出这个名称和观点的。这篇经典博客可以说是受众起义的宣言书，总结起来无非就是三句话：我们受够了，我们要发言！我们要参与！我们要自己玩！

这些"原来被叫作受众的人"说话的底气为什么这么足呢？因为此时的受众已经武装起来，拥有了媒体生产工具和手段。传统媒体生产的一个最大特点，是消费者同生产资料的脱离。媒体生产同其他工业生产一样，是资本行为，普通受众很难有足够的资本去打破垄断，进入这个行业。你也许可以咬牙跺脚自己出钱去采访，去写作，去制造内容，但你再咬牙恐怕也咬不出一个发行渠道的钱。而互联网和社交媒体不但使制造一般内容的成本，而且使出版和发行的成本低到几乎可以忽略的程度。人人都可以成为记者和出版商。由此，媒体生产进入后工业化时代。

著名媒体学者道克·瑟尔斯（Doc Searls）早在 2001 年就说过一句非常有意思的话：媒体生产的一大特征是，内容生产是围绕生产机器的远近来组织的。❸也就是说编辑部犹如车间，码字工（新闻工作者）必须同机器靠近才能生产。新媒体革命改变了这一生产方式，一部爱疯（iPhone）就可以完成大部分的生产流程。而更可怕的是，这些闯入者全副"武装"，而且全世界的闯入者都可以通过社交媒体联合起来。他们不但闯入传统媒体的世袭领地，而且还开疆辟土，自己嗨起来。一开始的时候，媒体大佬对于这些网民的喧哗并不在意，比如 web 1.0 阶段的博客和 BBS。为什么？因为 BBS 无非一群闲散的"盲流"在打嘴仗，缺乏公信，吸引不了广告商，而博客大部分还得依靠传统媒体平台来获得流量。直到有一天，网络分类广告出现，使媒体大佬们的三观尽毁：居然可以没有内容直接玩广告！媒体这才紧张起来，感觉自己被掏空，彻底失控了。

受众与用户，控制与自由

　　传统媒体的盈利模式是通过对资源和渠道的垄断来控制受众，从而控制广告商。传媒业从这种控制中赢得了垄断利润。而互联网把这种商业模式打乱，传统媒体上百年的好日子终于到头。

　　新媒体最大的功德是它带来了解放和自由。解放了的受众可以不再被毫无选择、毫无抵抗地卖给广告商。曾几何时，媒体犹如专制的君主，大千世界，芸芸众生，它说发生了什么就是什么，版本不容置疑，正如美国著名新闻主持人克朗凯特（Cronkite）的经典结束语："就是这么回事（That's the way it is）！"虽然说美国宪法规定人人享有言论和出版自由，但如《纽约客》著名撰稿人利布林（Liebling）所说，"出版自由只属于那些拥有出版社的人"。

　　媒体控制的丧失至少产生了两个直接后果：一是受众的分化；二是受众的独立。分化是多方位多层次的，包括内容的分化和信息平台渠道的多样化。如果媒体的控制力还在的话，无论如何分化，肉再碎还是烂在锅里。电视台多开一个频道又有什么关系？现在的问题是连电视都不看了，纵然有一万个频道又有什么用？人们可以去油管，可以去看网红直播，兴致来了干脆自己直播。以前的受众，好比是有户口的老街坊，跑不了。而现在的受众都是由着性子来，捉摸不定，因为他们不再依附于媒体，可以独立自主决定何时何地以何种方式来进行媒体消费，而且可以直接加入信息的采集和生产，时刻提醒、挑战媒体存在的正当性和必要性。

　　显然，此"受众"已经完全不是彼"受众"，同时可以有多个名头：读者、观众、听众、网民、消费者、用户、参与者、业余记者、出版商、自媒体等等。

面对如此复杂的熟悉的陌生人，媒体从经营模式上又该如何考虑呢？从过去十多年的实践来看，无外乎两种模式。一种模式沿袭了注意力经济的套路，想尽一切办法来吸引、抓住受众。一只手死命抓住传统媒体的受众，毕竟传统媒体的广告收入依然是大头，即使知道没有明天，今天的钱也总是要赚；另一只手在网络上招揽、培养受众，浏览量、点击量是关键词。这种模式的根本还是要把用户作为商品卖给广告商。

另外一种模式把受众作为用户或者客户，报社和电视台的付费墙就是这个模式。这一模式说白了，就是要受众赎身，花钱来买不被卖掉的自由，即不看广告的自由。当然，任何媒体都不会采取单一模式，而是两种模式并行并存。一是因为这两种模式都还比较有效；二是因为媒体变革转型，一切都很难说。如果只认一棵树，难保不被吊死得很难看。

其实在这两种模式之下，有一个更大、更深层的经营模式，细思极恐，那就是大数据。无论是受众也好，用户也好，你留下的最值钱的不是你的眼球或者你的订阅费，而是关于你的信息。一个透明的你会更值钱，更好卖。

【注释】

❶ MCLUHAN M. Understanding media. New York：McGraw-Hill，1964.

❷ ROSELLI D. Theater of the people：spectators and society in ancient Athens. Austin，TX：University of Texas Press，2011.

❸ SEARLS D. "Post-industrial journalism" in Doc Searls' weblog. （2001-10-02）[2017-01-09]. http：//doc. weblogs. com/2001/10/02#postindustrialJournalism.

第 10 章 | 事实与谎言：网络时代新闻的去伪存真

在当今媒介生态下，流言和虚假新闻充斥网络，新闻媒体必须积极地、主动地甄别过滤出真实的信息。在媒体公信力跌到低谷的时候，更需要对事实和真相的坚持。其实，在许多时候，对于事实的核查也没那么复杂。比如今天的天气，你需要做的不是为天气预报的真伪纠结，你需要的只是把手伸出窗外。

如果较真的话，新闻生产的某些基本原则是彼此冲突的，比如说速度（speed）与准确（accuracy）。特别是在网络时代，赢者通吃的游戏规则要求抢新闻，而抢势必在准确上付出代价。当然，理想的状态是鱼熊兼得。

在传统媒介生态下，新闻媒体作为把关人，相对比较从容，一般情况下，可以决定何时何地发布消息。即使抢，也由于新闻生产的周期性，总还是有沉下来核实、验证信息的余地。当然，旧时代有旧时代的难处，由于出版的周期性，抢新闻在多数情形下成了捂新闻，成了独家才算抢成功了。因为新闻没有版权，即使你第一个知道，但由于到第二天才能见报，所以一旦走漏了消息，也就不是独家了。

互联网的普及特别是社交网络的出现，打破了媒体组织对新闻信息的垄断。出现在第一现场的往往是当事人或者旁观者。这些现场的爆料人可以说"无组织、无纪律"，具有很强的偶然性和随意性。从信息控制的角度来讲，是失控状态。这种失控状态究竟怎么看，不同的角度可能有不同的判断。有人看到了混乱，有人看到了民主。如果抛开宏观层面的理论之争，单单关注微观现实，就会发现：真相往往淹没在谎言的泥淖里。连美国总统都在社交媒体上罔顾事实、信口开河，可见问题之严重。但是，以事实与真相为使命的传统媒体的表现却令人失望，常常失手，甚至成为谣言甚至谎言的传声筒。

美国总统选举过后，公众对新闻媒体的信任跌到谷底，愤怒却蹿至峰顶。这种失望与愤怒来自政治谱系的上下左右各方。据皮尤研究中心的最新调查，美国公众中五个人有四个都不信任媒体。这种不信任在很大程度上源于媒体没有给他们准确的、可靠的信息。当然，传统主流媒体背了不少网络的，特别是社交媒体的黑锅。虚假新闻首先在脸书和推特上大行其道。社交媒体非但没有赋权普通公民，却为那些居心叵测的宣传家和阴谋家提供了平台和手段，以往躲在暗处的谣言和谎言堂而皇之进入公共话语中心，甚至有可能影响了美国总统的选举结果。据《经济学家》报道，在美国总统大选前后的一年多时间里，近一亿零五百万脸书用户看到过有俄国背景的谎言，油管上有 1 108 条这样的影像，而在推特上，有 36 746 个这样的造谣账号。❶

网络上谎言泛滥不只局限于美国，而是一个全球问题。美国宾夕法尼亚大学安纳博格公共政策研究中心早在 2003 年就创立了专门致力于事实核查的网站 FactCheck. org。不少媒体组织如《华盛顿邮报》等也在随后的几年里开通了同类网站。2014 年，世界二十多个国家聚会伦敦，召开了首次全球事实核查联盟大会，以壮声势，协调行动。

但是，光脚的不怕穿鞋的，在谎言与事实的较量中，所有寻求真相的努力似乎未能阻止谎言的裸奔。

为什么社交网络时代，谎言似乎占了上风？而在这种媒介环境中，新闻媒体究竟如何才能不辱使命，去伪存真，重新赢得公众的信任，同时也完成自我救赎？

新闻与流言

这里的流言指的是英文中的 rumor。之所以用流言不用谣言，是因为谣言在汉语中有贬义，多指捏造的或者与事实严重不符的信息。而英文中的rumor 是中性的，指的是未经证实的消息，是非官方的道听途说或者小道消息。无论怎样，流言并非完全没有根据，多半反映了公众心中所想、所念、所怕。流言可真可假，不然就不会有虚假的流言（false rumor）这样的说法。流言只有经过验证，才能有事实与谎言之分。

实际上，在许多情形下，所谓的谣言是一种贴标签式的对信息源的歧视，某些信息之所以被称作谣言，多半是因为非官方。同样的信息，出自官方就是信息，出自民间则成了谣言。

在人类社会，流言是对不确定或者危险状态的一种认知反应，是再自然不过的事情，并非都是居心叵测。人们出于好奇心，或者在焦虑和高度紧张的情况下，多半会传谣信谣，社会心理学家更是直截了当地说：恐惧产生流言。

流言的另外一大特性是传播性，不传起来就不是流言，充其量是八卦（gossip）。

越是神秘和信息受控制的地方，谣言就越多。正如阳光是最好的消毒剂，透明和开放才是谣言的终结者。

新闻媒体正着说是同事实和真相打交道，反着说就是同流言打交道。甚至可以说，新闻存在的一大理由就是因为有流言。新闻从一开始就同流言、传言分不开。从这个意义上讲，记者在很大程度上依赖于流言和未经证实的消息。流言是无风不起浪，是山雨欲来风满楼，隐藏着新闻的金矿。

在许多情况下，流言就是新闻，而且是利润不小的新闻。美国著名体育电视网 ESPN 就有流言中心（Rumor Center），注册会员可以看到专门为其收集和分析的最新流言。许多高科技品牌比如苹果就是把制造和散布流言作为重要的营销策略。金融证券市场的合并消息等等最初也都是流言。如果证券市场完全靠证实的消息，岂不是黄花菜都要凉了？

从某种意义上讲，流言最大的受益者和传播者其实是记者。

但是，真实性原则是新闻的灵魂，新闻的使命就是为公众提供真实和准确的信息，不发或者不转发任何未经证实的消息，正如比尔·科瓦齐和汤姆·罗森斯蒂尔在《新闻的十大基本原则》中所讲，新闻的本质在于验证核实，去伪存真。❷

在尴尬的现实世界中，特别是在数字革命和社交媒体时代，新闻媒体这一使命受到了前所未有的挑战。对于未经证实的消息、谣言、传言，新闻媒体非但没有澄清、阻止，相反却往往转载转发，"助纣为虐"，或者同流合污。2015 年《哥伦比亚新闻评论》发表的一份研究报告总结：新闻网站花费了更多的时间和资源去散布虚假信息，而不是去验证和辟谣。

插上翅膀的谎言

美国作家马克·吐温说过这样一句话：真相还在找鞋，谎言已跑了半个世界。

为什么谎言在社交媒体时代似乎越来越多，越来越猖獗，难以控制？

流言蜚语是人类社会的常态，过去有，现在有，将来也会有，只是现在的媒体环境放大了流言存在以及传播的速度和广度。以前的流言蜚语只能在坊间飞，而现在的媒体环境为流言插上了翅膀。公民新闻的出现，有意无意地使阴暗角落的沉渣涌到了台面。

这就好比有人到了美国，惊诧于美国残疾人之多。其实美国的残疾人不会比中国多，只是中国残疾人由于社会环境的不友好和不便利，被困在家中，你没有看到而已。

具体来说，自媒体时代，每个人都在制造信息，而绝大多数信息的特点在于非专业性。传播科技的发展，网络化特别是社交媒体使非专业的信息传播加速。最近二十多年，新闻生产方式发生了革命性改变，吉尔摩说，我们过去总说新闻记者的报道是历史的初稿，再也不是了。

现在的受众可以花钱购买同新闻单位一样的专业装备来进行新闻生产，但是，同专业新闻记者不同，他们成为记者是一种偶然，是在正确的地点、正确的时间，碰巧手里拿着手机，而手机碰巧有电！

在许多情形下，不是有意的造假，而是不经意或者只看到了局部的事实，或者处于某种情绪中而想当然的事实。这往往最令人头疼，因为这些无辜的信息制造者往往看起来非常可信。

谎言比真相更动听，而真相往往是枯燥的和粗糙的，难以面对和把握。

另外，社交媒体出于算法的缘故，放大了谣言。谣言越被点击，排名就越靠前，由此水涨船高，恶性循环。有研究数据显示，某条谣言的转发量有九万多，而辟谣的信息则不到两千。

当然，这个问题的解决还在于社会对于谎言的自净能力。

传统的解决之道是，谣言止于智者，假的就是假的，伪装终将剥去，或者说纸里包不住火。现在的问题是，真相往往被遮盖，真相只有一个，而干扰真相出现的则有千万条流言。

心理学研究表明，谎言的可怕之处还在于人们的大脑是先入为主的，一旦入住，则会干扰其他信息的处理。

问题还在于有专门制造假新闻的网站，而信息源有更多的手段来混淆视听。

另外一个严重的问题是社会撕裂，完全按照党派意识形态站队。据著名政治传播学家艾杨戈（Iyengar）等人的研究，党派立场影响到社会的方方面面，甚至都成为婚姻的一个指标：90% 的婚姻都是驴配驴（民主党），象配象（共和党）。❸世界越来越小，人心却越来越远，社会进入后真相时代，事实本身似乎不再重要，人们都在构筑自己的事实。

2016 年年底，皮尤研究中心的一项调查显示，81% 的被调查者认为"党派立场不仅影响到政策分歧，而且影响到基本事实的认定"。无论你如何努力，人们只相信自我认定的现实，对于自己不乐意看到的事实可以视而不见。这样的局面是后工业化时代新闻界面对的大挑战之一，因为它动摇了新闻理论甚至民主政治理论的根基。言论自由所依据的一个基本信念是美国建国之父们所坚持的观念市场（marketplace of ideas），其基本假设是人是理性的、知道好歹的，因此可以让各种思想——好的、坏的，幼稚的、成熟的，都自由竞争，而好的思想观念终将胜出。所谓正义也许会迟到但永远不会缺席，身正不怕影子斜，等等。问题是，你自己身子正，别人会抱定自己的偏见斜着身子去看你，或者只量你的影子而根本不管你身子的正斜。心理学研究表明，当人们面对不同信息源的时候，很少用理性去甄别和思考，而多半会出于自我保护的心理，退缩到自己的成见中去，因为这是最安全也最简单的做法。

核查事实是关键

新闻媒体存在的意义在于能告诉公众发生了什么，怎样发生的，为什么发生。而在新闻报道过程中，真实、准确、负责是专业与业余的分水岭。

虽然新闻记者的使命、价值没有变化，但具体的生产方式发生了巨大的改变。作为核心工作之一的事实核查显得尤为重要。职业新闻记者应该专注于自己最擅长的工作。以往的消息报道恐怕要退居二线，比如不需要一个记者去采访一个老农，看今年的收成如何，卫星影像完全可以分析出准确的产量数据来。

社交媒体时代，大多数的突发新闻爆料人均为当事者或者旁观者。比如抓捕本·拉登，是一位巴基斯坦的电脑程序员在家里听到然后推特出去的，而美国民航迫降哈德逊河的消息是由一位叫克鲁姆斯的渡船工作人员发出的。随着时间的推移，更多的报道完全可以由现场的当事人或者旁观者，或者机器记者来完成。

而更关键的是，在以往，公众通过报社或者电视台热线爆料给记者，而现在，人们想到的是朋友圈。

以前的新闻记者里里外外一把手，在这个喧嚣的环境里，记者的角色发生变化，更多的是整合、核实和解释分析。职业新闻记者应该在热点中保持清醒，发挥专业水准。

流言不加核查就发表是个职业伦理问题。必须清醒认识到：对于未经核实的信息，一旦使用和转发，就等于加持了该条信息，有可能洗白了谎言。简单的一个例子：有人曾经在推特上说，纽约证券交易所水漫金山了，水足有三英尺深。很快，这条推特信息被著名的天气网站（weather. com）推转，于是开始疯传。实际上这是条彻头彻尾的假消息，可经过天气网站的转发，原本的谎言被洗白了。相当多的病毒式传播，往往是经过新闻媒体的转发才发生的。

美国全国公共广播电台（NPR）在其社交媒体的伦理守则中告诫其从业人员：当决定是否转发、使用社交媒体或者其他单位和个人的信息时，要三思而后行。因为当我们说别人在说什么的时候，在许多人眼里，实际等于我们在说。位于荷兰的欧洲新闻中心专门编辑出版了《社交媒体核查

手册》，为世界的新闻记者和编辑提供培训和帮助。❹

至于说如何在网络谎言盛行的时代，去伪存真，在大多数情况下，只要坚持传统业务和伦理守则其实就够了。比如说在纸媒时代，坚决不发只有单个信息源的新闻。

让人较为欣慰的是，不发未经证实的消息，依然是新闻界的共识。路透新闻研究所的一项调查表明，四分之三的人坚持认为在任何情况下都不应发表未经证实的新闻。但是，我们还应当看到另外一面，即仍有四分之一的记者认为可以有例外。因为保证公众的知情权，甚至知道谣言的权利，同样是新闻媒体的责任。流言一旦进入了公众的视野，就应该给予足够的重视，忽视它的存在同样是不负责任的。

在当今媒介生态下，流言和虚假新闻充斥网络，新闻媒体必须积极地、主动地甄别过滤出真实的信息。在媒体的公信力跌到低谷的时候，更需要对事实和真相的坚持。

其实，在许多时候，对于事实的核查也没那么复杂。比如今天的天气，你需要做的不是为天气预报的真伪纠结，你需要的只是把手伸出窗外。

【注释】

❶ Do social media threaten democracy. Economist，2017，11（4）．

❷ KOVACH B，ROSENTIEL T. Elements of journalism：what newspaper should know and the public should expect. revised and updated edition. New York：Three Rivers Press，2014.

❸ IYENGAR S，GAURAV S，LELKESY. Affect，not ideology：a social identity perspective on polarization. Public Opinion Quarterly，2012，76（3）：405-431.

❹ EUROPEAN JOURNALISM CENTER. Verification handbook：an ultimate guideline on digital age sourcing for emergency coverage. the Netherlands，2013.

第 11 章 | 传统与挑战：网络时代的媒介伦理

　　讨论社交媒体时代的媒介伦理，首先有必要回答这样一个问题：新闻专业主义伦理是否还有生命力？即新闻专业主义伦理的思想、逻辑以及话语体系是否仍有存在的合理性、正当性和必要性？

新媒体特别是社交媒体对于传统媒介伦理的冲击，可以简单概括为两大块：其一是老司机遇到了新问题，旧地图上的路还通不通？旧的交规还用不用？在没有交通信号的路段又该如何行驶？其二是原本只通公交车的道路，冒出无数私家车，而开车的是一没驾照二没经验三不懂交规的"吃瓜"群众。前者是体制内所谓有组织、有自律他律的专业司机，而后者是体制外打酱油的个体户，即所谓社交媒体，所谓人人都可以过把瘾的公民记者。更严重的问题是，两种车流犬牙交错，拥堵在信息的高速公路上，频频发生交通事故。

任何比喻都是蹩脚的，上面的也不例外，但大致表达了新媒体伦理的两大主要问题。头一个指的是传统媒介伦理，特别是在新闻专业主义框架下的伦理受到的挑战。后一个则涉及先前鲜有认识的崭新的伦理领域，即公众或社会媒介伦理。这里先着重讨论第一个问题。

新闻专业主义伦理是否过时

讨论社交媒体时代的媒介伦理，首先有必要回答这样一个问题：新闻专业主义伦理是否还有生命力？即新闻专业主义伦理的思想、逻辑以及话语体系是否仍有存在的合理性、正当性和必要性？

有一种观点认为，新闻专业主义伦理实质上是对自身身份和行为的道德合法性的话语建构，无异于自以为是、自圆其说的自我标榜。抛开完全基于想当然的规范性理论不说，单从近百年的实践来看，作为一种职业伦理，它并没有发挥出比其他职业伦理，比如医生伦理，更为有益有效的作用。虽然百年来，新闻媒体有许多可圈可点的贡献，但媒体伦理事件也是层出不穷，让人跌破眼镜，有多少辉煌，就有多少龌龊。

更有观点认为，在传统的媒介生态中，新闻专业主义实际上维护了媒体对新闻和信息生产的垄断，作为资本主义意识形态的组成部分，新闻表达的是精英和权力阶层的意志，观念市场的多样性越来越差，公众的知情权和自由表达权得不到维护。即使退一步讲，如果说在信息稀缺的媒介生态下，新闻媒体作为唯一的把关人和议程设置者，其专业主义伦理有其客观合理性和必要性，那么，新媒体革命以后，信息不再是短缺资源，垄断被打破，人人都可以加入信息的生产和传播过程当中，新闻媒体自然失去了以往作为单一信源的重要地位，新闻媒体的历史使命和责任也相应发生了变化。所以，媒体无须自我神圣化。

再者，新闻自由的出发点和归结点是公众的表达自由，新闻媒体的公共性在于代表公众行使言论自由的权利，由此才有所谓的第四权力说。那么，当新闻媒体的公信力屡创历史新低的时候，媒体的代表性如何实现？失去了公众代表性，新闻专业主义的伦理又从何谈起？

以上观点的要害是说可以存在一个没有新闻专业主义的新闻界，其理论支撑点是古典的观念市场理论，即让各种观念在市场上充分竞争，善赢恶败，优胜劣汰。但是，这样的观念市场的前提是，各种观念都有平等的表达和传播机会。可惜在权力和阶层社会中，在基本人权都不平等的情况下，观念市场更可能是一个丛林社会而非自由平等竞争社会。从现实看，网络社会发展二十多年来，数字鸿沟不但没有缩小，相反越来越大，社会非但没有共识，相反越来越分裂。而新闻媒体社会信任度的下降，恰恰是过度商业化的结果，更彰显新闻专业主义的必要与紧迫。

言论自由实现的保证是传播自由，从这个意义上讲，新媒体给了普通民众更多的传播自由，从而为言论自由至少提供了更多的机会和可能。但是，言论自由本身不是目的，是手段，是为了寻求真相，表达意见，由此形成舆论，参与和影响政治。所以，没有专业主义的伦理，谎言和偏见往往遮蔽真相。没有真相，就没有正义。所谓正义也许会迟到，却永不会缺席，只能作为鼓舞人们坚持真相的呐喊。迟到的正义，往往是无法挽回的悲剧。

另外一个需要指出的事实是，虽说媒体生态发生了根本的变化，传统媒体依然是公众获取新闻信息的主流媒体。尽管有60%的用户从脸书等社交媒体获取新闻，但是社交媒体的新闻，其大部分来源仍然是传统媒体。传统媒体依然生产着70%的原创新闻。虽然人们对于传统媒体的信任度大幅下降，只有32%，但是相对社交媒体来讲，依然高得不是一点半点。根据BuzzFeed新闻网2017年1月的调查，只有18%的人相信脸书上的信息。❶

由此看来，新闻专业主义伦理依然有生命力。世界上没有无缘无故的新闻视点和新闻技巧，任何时候都不可只讲镜头，不讲镜头前面和后面的人。新闻媒体经营模式的衰落并不等于新闻专业主义的死亡。

传统与挑战

传统新闻伦理是围绕专业主义的理念建构的，其具体的实现形式是由行业组织制定，通过自律和同行评议来监督执行的伦理守则。行业协会，顾名思义，是封闭的、排外的，在某种程度上同江湖帮会并无二致，如果说新闻行业协会是"帮会"的话，那么伦理守则无非就是"帮规"。

"帮规"首先要确定的是身份认同和行为规则，要界定的问题包括我们是谁，我们坚持什么，我们干什么、不干什么。"帮规"可以是君子协定也可以是小人联盟。俗话说，君子有所为有所不为。在许多情形下，君子更以"有所不为"在江湖安身立命，一如张季鸾《大公报》的"不党、不卖、不私、不盲"。相比之下，小人则无所不为。新闻"帮会"和"帮规"是君子协定，为什么？因为其公共性以及对社会的道义担当。美国传播学家詹姆斯·凯瑞直截了当地说新闻专业主义的全部价值与存在意义在于其公共性。

但是，如果我们仔细观察一下就可以发现，从 20 世纪初逐步建立的伦理守则有一个大的前提，那就是新闻媒体垄断了新闻生产，是新闻的把关人。虽然表明公共服务为其宗旨，但其制定和实施却一点也不"公共"，普通民众除了通过读者来信或者听众来电表达一点意见外，对于媒体伦理没有话语权。

那么，究竟是什么打破了这种垄断？是新的媒介吗？

在以往的媒介进化过程中，由报纸发展起来的新闻专业主义伦理并没有由于媒介的改变而发生改变，广播和电视时代几乎是无缝对接，所以，媒介本身并不是关键，不是新的媒介必然需要新的媒介伦理。

我们经常问新媒体到底新在哪里？数字化？非线性？交互性？是，也不是。因为这些都是特性，却不是本质。本质是媒介革命带来的新闻生产方式、传播方式的改变。一百多年来，新闻信息的生产一直是封闭与垄断的，其本质就是消费者同生产资料、传播渠道的脱离，普通民众没有能力拥有媒体生产所需的资本和渠道。网络的出现，特别是社交媒体的出现，使人人成为新闻记者、成为出版商变为现实，从而由被动的信息消费者转变为主动的生产者，在传播过程中扮演关键的角色。无论怎样优秀的新闻稿，没有受众的分享，都等于白做。新的生产方式导致新的生产关系以及社会关系，而伦理就是协调社会关系的。新的社会关系必然会挑战传统的媒体伦理体系。传统的新闻生产是垄断的、封闭的、固定的，因此，其专业主义的新闻伦理也是垄断的、封闭的、固定的；而网络时代的新闻生产是共享的、开放的和流动的，因而要求伦理也是共享的、开放的和流动的。

新的媒体生态影响到媒体伦理的方方面面，显而易见的有下列种种。

1. 事实与求真

"真"是普世价值，即使骗子也不乐意别人对他说谎。新闻伦理的第一原则是求真。求真不是对真相的承诺，而是为接近真相诚实的努力。新闻伦理的认识论是科学和实证的，因此，事实、公正、独立等就成为新闻伦理探求真相的途径和行为的准则。

但是，在新媒体生态环境下，新闻生产是共享的、开放的和参与的，不再是由职业媒体人把关的固态，而是流动的，犹如液体般充满了不确定性。各种力量都会加入，每个加入者都有着自己的目的，而在许多情况下，并不是为了真相。在我们说真理越辩越明的时候，别忘了还有一句话是水越搅越浑，而真相往往淹没在事实与谎言的纠缠当中。

网络传播的特点同传统新闻生产理念和方式也有许多冲突。比如，求真的第一步是呈现事实，事实要求准确，而准确这一原则，就同网络的即时性相矛盾。保证事实准确的最为重要的方法是什么？是验证。验证需要时间，需要投入，而当前几乎所有的传统媒体都面临生存的压力，对于传统的生产流程进行了压缩简化。比如说，验证和校对是传统媒体质量监控的最为关键有效的一环，所有传统新闻编辑部都设有专门的校验部（copydesk）。但是，由于经营压力，在部门调整和人员压缩上，校验部往往最先挨刀。即使像《纽约时报》这样的标杆前不久也宣布要裁撤校验部。从专业的角度讲，裁撤校验部几乎等于宣布放弃产品质量，因为缺少验证，出错是必然的。甘尼特报业集团旗下的地方大报《辛辛那提问询报》，在2014 年 11 月取消校验部后，频频出错，在 2015 年 2 月 8 日的周日刊上，居然出现了 13 处错误，连头版头条的图片说明都写错了。媒体伦理的第一要义是寻求和报道真相，如果新闻媒体连基本的事实准确都不能保证，还奢谈什么真相。

2. 客观与公正

为保证新闻报道的客观公正，需要遵循的重要伦理原则首先是独立。传统上，新闻记者一般不参加政治社团和社交活动，就是为了保持职业的独立性。但是，在网络社会，这样的独立性往往很难做到。网络社会的本质就是联络，而社交媒体的本质无外乎社交。新闻记者再不是以往的孤独的狼，单打独斗；新闻生产本身已经社会化，记者使用社交网络不仅仅是个人喜好，而且是工作需要，这样不可避免就产生两种身份的冲突。比如说，媒体人在社交网络上成为大 V 或者网红，该如何维护自己记者身份的独立性？当你在社交媒体上发表言论、表明立场以后，又如何来为自己所做的新闻节目的客观公正辩护？可信度又有多少？记者在社交媒体或者自己的公众号转发和分享某条新闻或者文章又意味着什么？

3. 数据与隐私

如果说隐私权是指一个人能够控制有关自己的信息的权利和能力，那么，在数码时代，隐私被侵犯的概率以及善后的难度成倍增加，一旦造成伤害，就无法补救，即使你删除了原文，无数影像文件依然存在。

大数据时代，每个人都是赤裸裸的，毫无隐私可言，个人信息每时每刻都在被收集。这些有关我的数据的所有权属于谁？我对于关于自己的数据有没有知情权和使用权？可悲的是，即使你有这些权利，你也无法主张，因为你根本就不知道自己被收集了哪些隐私，搜集者又是谁。

那么，作为主动方的媒体，该如何尊重、保护用户和受众的知情权和隐私权？而作为记者或者编辑，又如何在自己的日常工作和生活中注意这个问题？举个简单的例子，记者是否需要表明身份、征得同意才能使用微信群和朋友圈里的发言或信息？

4. 责任与边界

网络时代的新闻信息生产是开放的和分享的，普通人在新闻信息的采集、制作和传播中发挥至关重要的作用。新闻不再是新闻媒体的垄断产品，而是媒体与公众的共同创造。那么随之而来的问题是，媒体的责任边界在哪里？要不要对参与内容生产和传播的民众的言行——比如发表的信息和评论负责，又该如何负责？新闻专业主义的伦理是否适用于公民新闻？依据又是什么？又该如何落实？对于违反了专业新闻伦理的帖子或者评论，是否删除？如果删除，是否侵犯了发表人的言论自由？对文章里的链接又该如何负责？链接到的内容是否应该符合我们的伦理标准？即使认真审核了链接的内容，又如何保证链接到的第三方的内容没有变动？

以上的讨论局限于本章开篇所谈到的第一大块，即专业主义伦理所遇到的挑战。另外一块，即公众或者社会媒介伦理，学界和业界讨论不多却非常重要。宁波雅戈尔动物园老虎吃人事件的视频传播就是一个典型案例。社交媒体使用者应该具备什么样的媒介伦理？理论依据和实践的途径又在哪里？这是个学术问题，更是个急迫的现实问题。

【注释】

❶ BuzzFeed News. Media platform & news trust survey. （2016-03-05）［2017-01-11］. https：//github. com/BuzzFeedNews/2017-01-media-platform-and-news-trust-survey.

第 12 章 | 从把关人到网红：媒介伦理的社会化

网络社会，几乎所有的传播行为都已经社会化，进入公共领域，伦理问题的社会化就更为突出。新的传播手段可以使恶的危害达到前所未有的广度和深度。在以前的公共领域，传播的影响局限于介质能够到达的范围；而在新媒体时代，一个人在网络上"出口成脏"，骂的可不是一条街，而是整个地球村。

社交媒体的出现彻底改变了媒体生态，颠覆了传统媒体对新闻生产、传播的垄断。最能反映这一生态转变的口号便是：人人都可以是记者。

口号直白明了，提气给力：王侯将相宁有种乎？凭什么吃货不能当厨子？

不过，越响亮的口号越容易误导。振臂高呼的兴奋过后，我们有必要沉下心来想一想究竟在喊什么。就"人人都可以是记者"这句话来看，重要的其实不是人人可不可以成为记者，而是能不能成为一个有道德、负责任的记者。道理很简单：这个世界不缺记者，更不缺新闻，缺的是有伦理有担当的记者，缺的是真实可靠的新闻。如果没有道德操守，再多的记者，再多的新闻，结果也只能是虚假信息泛滥，没有信任，相互伤害，人人自危，离真相越来越远。波兹曼哀叹电视时代的娱乐至死❶，那么在社交媒体时代，我们要"虚假"至死吗？

当人人都可以成为记者，有意无意地参加新闻生产和传播的时候，社会准备好了吗？个人准备好了吗？

社交媒体打破了传统媒介伦理的职业性和封闭性，其影响是多方位的。如果公民发表新闻（news）和评论，那么他们是新闻工作者（journalist）吗？传统意义上的新闻工作者又是谁？两者本质有什么不同？媒介伦理需要每个人都遵守吗？要求人们遵守的道德基础是什么？这样的媒介伦理又该包括什么样的内容？社会化的媒介伦理如何建构又如何实施？

从把关人伦理到社会伦理

尽管不免老生常谈，但问题还得从根子上讲起。媒介伦理的首要道德追求无非真和善。真是事实和真相，而善是公共利益，真归根结底是为了善。因此，新闻自然呈现两个鲜明的特征：其一是公共性，新闻是公开的、社会的，而不是私房窃语；其二是真实性，不是文学艺术，不能有半点虚构。

作为一种职业伦理，媒介伦理相对于其他行业伦理来讲，最大的特点是其出发点和落脚点为公共利益。一个律师可以说为自己的雇主服务，一个医生可以说为自己的病人服务，但一个新闻工作者却不能说为自己的广告商或者订户服务。美国传播学家詹姆斯·凯瑞如此强调新闻媒体的公共性：

"新闻的公共性是上帝一般神圣的字眼，归根结底，没有这个字眼，一切都是扯淡。如果说新闻有所依托，那这个依托无疑是公众；如果说新闻有个雇主，那个雇主只能是公众。新闻界以公众的名义取得正当性。它存在的意义，至少在口头上，就是提供公众新闻。它是公众的喉舌，维护公众的知情权，为公众服务。公众是图腾。"❷

新闻由于其公共性质，受到了法律的保护和社会的认同。而媒体公共性的保证和约束不是别的，正是伦理。

传统媒介伦理是在新闻媒体作为把关人的前提下构建的。公民新闻动摇了媒体把关人的地位，影响了传统媒体的新闻定义权和新闻生产规范权，削弱了传统媒体控制新闻的能力。传统上，这种控制权得益于大工业时代资本主导的生产方式和由此产生的生产关系。具体来说，公众无力购买、拥有生产资料，被隔离于媒体的生产之外，新闻信息成为稀缺产品和垄断产品。

有观点认为公民新闻的出现实际上宣告了专业新闻的结束，公民新闻完全可以取代传统媒体。但是，问题的关键不在于公民新闻是否能够取代传统媒体，而在于公民新闻的公共性在哪里，如何体现，有什么样的道德理由要求其必须为公共利益服务，它的公共性又如何得到法律的承认和社会的认同。

传统新闻是系统的体制内的职业行为。新闻记者和编辑从事新闻生产大多是自主选择，对伦理的遵守有自律和他律的约束。而公民新闻则比较复杂。对于多数人来说，参与公民新闻不是主动的选择，而往往是偶然的客串，比方说正好在新闻现场，成了围观群众或者新闻当事人。对于这样的公民新闻，该提出怎样的道德伦理要求？一个人发帖子可不可以只为自己爽一把而不考虑公共利益？为什么要客观？为什么要核实？为什么要平衡报道？

这样的发问当然有道理，有些问题还不一定有确切的答案。但是，有意栽花也好，无意插柳也好，只要参与了新闻信息的生产与传播，其行为就不再局限于个人，而是要产生社会影响。新闻作为言论和表达自由的主要形式是一种权利，但伴随权利的是义务和责任。新闻作为一种力量，随时可能对社会和个人造成伤害。也许有业余的新闻，但没有业余的伤害。

网络社会，几乎所有的传播行为都已经社会化，进入公共领域，伦理问题的社会化就更为突出。比如说隐私，就呈现出越来越明显的社会性和非自主性，无论你自己如何小心翼翼地守身如玉也避免不了。怎么说呢，因为在你的个人信息里，不但有你个人的隐私，还包含了太多别人的隐私，比如你的微信朋友圈和QQ好友。如果你通过微信或者QQ登录其他网站和服务，必然就带去了自己和好友的信息，一不小心就出卖朋友，株连"九族"。社交网站比如脸书就是靠出卖用户的信息给广告商带来盈利的。据最新测算，一个美国或加拿大的脸书用户的价值大约为 5.85 美元。

裸奔时代没有隐私。因此，每一次传播行为，都是社会化的操作，有社会化的影响，因此需要社会化的媒介伦理。

也许有人会说，新闻传播业进入了虚拟现实的后专业主义时代，机器人都开始写稿了，还弹什么伦理的老调。但是，不可忘记的是，无论多么虚拟的现实，多么智能的机器，后面都永远有个肉体。机器也许改变了做事的方式，但是改变不了责任，人类永远是道德的行为人。

从互联网的普及，再到社交媒体的兴盛，至少有二十多年的时间，无论业界还是学界似乎都忽略了公民在社会化传播中的道德伦理责任。尽管各种骇人听闻的道德伦理问题层出不穷，但都止步于就事论事，而没有把媒体伦理的社会化作为一个严肃的问题来讨论，更谈不上构建。

可以做这样一个比喻，互联网与社交媒体犹如洪水泛滥，原有的生产方式和生产关系受到冲击，伦理体系在某种程度上可以说支离破碎，但是，即使破碎成一个个孤岛，至少也可以给传统媒体人提供伦理坐标。而公民新闻直接就泡在了洪水里，迷失者有之，浑水摸鱼者更有之，网络成了一个丛林社会。比如在网络上随便一搜都可以搜到介绍自杀方法的网站或者信息。某个自杀网站居然有这样的口号："消灭自己，拯救地球。"并劝说人们自杀的时候干得漂亮些："自杀是个难事，极其容易犯菜鸟错误。所以，你需要深入研究，精心准备。"

有的专业新闻网站为公民新闻提供平台，也出了诸多伦理问题。

例如，2014 年 5 月 26 日，美国有线新闻网的 I-report 发布了一条流星将要撞击地球的新闻，煞有介事地宣称："如果天文学家对了的话，这个星球上的所有生命将在不到 30 年内消失。美国航空航天局的科学家发现了一颗曼哈顿大小的流星正在撞向地球，具体碰撞时间是 2041 年 3 月 35 日。"尽管这是一个恶作剧新闻，发布者还特别卖了个破绽——3 月 35 日，但这条新闻依然在 30 个小时内获得了 25 万浏览和 2.3 万转发。

如果上面的恶作剧没有造成直接后果的话，另外一些假新闻则造成了社会动荡和个人损失，比如 2008 年，有人在 CNN 网站上发布苹果老总乔布斯死亡的假消息，结果引起股市动荡。

网络色情暴力图片更是比比皆是。2013 年中国传媒大学女大学生被男子当街杀害，路过的网友拍到了浑身是血的受害人照片，被人传到了网上，许多网络大 V 和专业媒体机构盲目转发了。大家当然也不会忘记大年初二宁波雅戈尔动物园老虎吃人事件，有现场目击者录下了老虎攻击闯入者的视频，在网络和朋友圈大量转发。也许有人辩解说，这些照片和视频尽管有些血腥，但发布出来有助于弄清真相和解决问题。但是，真相不一定非要血腥和暴力才能呈现吧。

相对职业记者，大多数公民新闻的参与者没有接受过基本的新闻训练，更没有受过任何媒介伦理的教育，因此出现问题几乎可以说是必然。

有不少人对于媒介伦理的社会化有不同的认识，认为伦理原本就应该是行业的伦理守则，不应该放射到社会，应该包容和鼓励言论自由，观念市场本身会优胜劣汰。但是，不是每个人都是理性的，社会也不总是理性的。另外，新的传播手段可以使恶的危害达到前所未有的广度和深度。在以前的公共领域，传播的影响局限于介质能够到达的范围；而在新媒体时代，一个人在网络上"出口成脏"，骂的可不是一条街，而是整个地球村。

社会媒介伦理的构建

　　传统媒介伦理架构是单向的，局限于新闻媒体的伦理操守，很少涉及公众的责任和伦理。这在社交媒体之前，问题不是太大。这就好比交通规则，如果只有职业司机才能上路，那只讨论职业司机的伦理守则也就够了。然而，在今天的媒体生态中，人人都买得起车，人人都可以开车上路，仅仅有行业性的职业伦理是远远不够的。媒介社会化和民主化的后果是模糊了职业新闻人与普通人的界限，人们的身份不再是单一的，而更可能同时扮演不同的角色。美国著名媒介伦理学者沃德（Stephen Ward）在谈到新的媒介伦理时强调："新的媒介伦理必须是开放的，不仅仅是职业的伦理，还必须是社会的媒介伦理。"❸

　　但这样的社会媒介伦理应该如何构建？包括什么样的内容？谁来制定？如何实施？问题解决起来不像想象的那么简单。

　　当然，首先能够想到的途径是借助传统的媒介伦理，比如借鉴影响较大的美国职业新闻记者协会的伦理守则。美国职业新闻记者协会的伦理守则粗略说有四大原则：第一是追求并报道真相；第二是减少伤害；第三是独立；第四是担当。在这四条基本原则中，除了第二条比较明确，其他三条作为对公民新闻的要求，都极有可能引起争议。职业记者守则第一条要求"追求并报道真相"，包含两个意思，一是追求真相，二是有料必须爆。但是，如果我只是一个现场目击者，发了一张现场图片，我发了我拍到的，我怎么知道是不是真相？再说，凭什么我必须报道我知道的？至于第三条的独立和第四条的担当就更不靠谱了，我只是一个打酱油的，独什么立？担什么当？

当然，照搬原有的职业伦理体系是不行的，但原有的职业伦理至少可以为我们提供讨论问题的框架和抓手，就一些紧迫问题开展社会性的对话，以求达到一定的共识。比如可以在一些自发的自媒体组织中开始尝试。不少自媒体的大 V 都曾供职于传统媒体，本身就对媒介伦理有比较充分的认识和体验，相对比较容易达成可行的伦理守则。比如美国著名博主丽贝卡·布拉德（Rebecca Blood）就提出了博客六项伦理原则，为不少自媒体人所认同。❹这六条原则避免了空洞的说教，平易近人，切实可行：

（1）只发布你认为真实的事实。如果只是臆断，请如实指出。

（2）如果所提到的内容网上有，请提供链接。让读者去判断你引述的准确性。

（3）公开纠错。

（4）像定稿一样写每一篇博客。你可以补充，但一经发布，不要随意改写。

（5）声明存在的利益冲突。

（6）标出有问题或者有倾向性的新闻源。

相对于具体的伦理守则，更难解决的是社会化媒介伦理所依据的道德哲学基础。大家都知道，传统媒介伦理的道德哲学基础主要是功利主义的，即以公共利益这一目的和结果来评判新闻操作的正当性。但是，功利主义的一大问题是对结果的评判的相对性，因为什么是公共利益、是何时何地的公共利益都不是绝对的，况且还有由谁来评判的问题。这在传统的媒介伦理中都比较棘手，在社交媒体和公民新闻中就更难操作，往往会成为为达目的而不择手段的借口和说辞。康德的理性伦理作为绝对的戒律，比较僵化，在实践中往往陷入矛盾之中。因此，不少学者认为社会化的伦理应该更多依赖亚里士多德的美德伦理（Virtue Ethics），因为康德的伦理是规范性的律条，是从外部强加的，而亚里士多德的美德是由内及外的，品德高尚的人自然不会作恶。这有点像王阳明的心学，所谓"破山中贼易，破心中贼难"，无非是说这个东西应该从内心做起，通过经验使德行逐渐内在化。

当然，社会化的媒介伦理不能只靠几个德行高尚的人，社会化媒介的责任取决于全社会的共识和大多数人的媒介素养。就眼下的社会现实来看，这几乎是个无法完成的任务，因为别说道德共识，就连基本事实都无法获得认同。

那么，社会媒介伦理的建设究竟有没有希望，从何说起，又跟谁说起呢？面对这样的难题，我们不妨回味一下在 20 世纪 20 年代发生的关于媒体、民主与社会的李普曼（Lippmann）和杜威（Dewey）之争。

李普曼显然对民众没有信心，认为普通民众达不到民主社会的要求，民主理论要求公民知情，至少对选举出来的领导者有所认识和了解，即所谓知情参与。这在古希腊的公民社会，甚至在美国大革命时期的波士顿的市政厅是可能的，但是在工业化以后的现代社会，在媒介时代，世界变得如此复杂，如此超过人们的社会经验，普通的民众已经力所不能及。李普曼认为，普通老百姓生活在一个他们无法完全理解的世界，"公众不但反应迟钝，而且非常容易走神，只有出现戏剧性冲突才会缓过神来"。因此，李普曼推崇精英统治，普通人只要听令，见贤思齐就是了。

杜威基本认同李普曼关于媒介化社会太过复杂、超出一般人理解能力的判断。但是，他总结的原因不同，给出的药方也不同。杜威认为，这不是民主的失败，而是民主的考验，主动参与的、明智的民众并非不可能出现，解决问题的途径是启蒙，包括通过学校教育和新闻界的启蒙，让民众成长，自我发现，自我实现。

那么，今天媒介伦理社会化的药方应该是李普曼和杜威的结合。一方面，我们需要调整改进已有的媒介伦理，坚守原则，发扬光大；另一方面，坚持社会伦理重构过程的开放性，鼓励全民的广泛参与，在教育上，可以考虑将其作为媒介素养的一个重点内容，像哲学、科学一样，成为大学甚至中小学的必修课，只有这样，才能从象牙塔走向社会，在实践中不断反思、不断总结，逐步形成一套人人为我、我为人人的社会媒介伦理。

【注释】

❶ POSTMAN N. Amuzing ourselves to death：public discourse in the age of show business. New York：Penguin Books，1985.

❷ CAREY J. The press and the public discourse. The Center Magazine，1987（5）.

❸ WARD S. Radical media ethics：a global approach. Malden，MA：John Wiley & Sons，2015：xi.

❹ BLOOD R. The weblog handbook：practical advice on creating and maintaining your blog. New York：Basic Books，2002.

第 13 章 | 主义与生意：新闻模式与商业模式的悖论

新闻不是商品因此也不是买卖。既然我们说新闻是民主的保证，是第四权力，是政治体制的一部分，那凭什么是商品呢？其他权力机关和公共服务是商品吗？法院有商业模式吗？反过来讲，既然是公共利益，作为私企的媒体组织为什么需要背着抱着这个新闻宝贝而得不到补偿呢？媒体组织为什么不能在商言商呢？

　　近年来学界、业界对于传统新闻媒体的困境以及转型问题关注比较多。有关研究讨论涉及方方面面，包括报纸的生死、媒介融合、社交媒体冲击、公民新闻、社会化伦理、商业模式等等。就新闻业的生存来讲，无论侧重点在哪里，基本都是两大问题的纠结：一个是新闻专业主义的存亡，一个是传统新闻业——更准确地说是媒体行业的生死。

　　学界对于前者比较关心，因而被业界特别是业界管理层所鄙视，常常被"谁来埋单"或"皮之不存毛将焉附"怼得无言以对，羞愧难当。即使不被呛声，自己心里也总是感觉谈新闻不谈商业模式有点底气不足。我自己也写了几篇关于媒体创新和经营模式的文章。然而，主义和生意在脑子里纠缠一番之后，突然怀疑原来的思路是不是有问题。学界对于新闻专业主义的存亡关心再正常不过，因为媒体融合也好，媒体转型也罢，之所以成为公共问题和学术问题，恰恰是因为事关新闻专业主义的存亡，事关民主社会的健康。如果不是这个公共性，单单是媒体行业（media）的生死，又同一个新闻学教授何干？同广大人民群众何干？商场如战场，生死太平常，诺基亚亡了有苹果，死了张屠户，未必要吃带毛猪。再说，所谓的"皮之不存毛将焉附"听着有理，实则忽悠：新闻专业主义不是毛，而是灵魂。有了这个灵魂，新闻业才是我们需要的看门狗；没有这个灵魂，商业模式再成功，无非一头肥猪，肥了资本家而已。

　　当然，这不是辩论赛，不单为口舌之快。新闻专业主义和商业模式这个命题还是非常值得深入探讨的。只是以前的思路有些问题。在讨论这两个问题的时候，自觉不自觉先默认了一个前提，即新闻专业主义必须有个商业模式，主义和生意必须在一起。好比包办的婚姻，虽然一直志不同道不合，但我们还是像邻居大妈一样，总是劝和不劝散，虽然貌合神离，但日子总得过下去。

必须换个思路。再说不换也不成了，因为日子过得已经揭不开锅了。

这个思路也许不那么清晰，但作为起点，有几个问题需要思考。新闻专业主义该不该、能不能是商品？如果不是商品，何以要有商业模式？既然新闻模式和媒体商业模式压根儿就和谐不了，为什么非要吊死在商业模式这棵树上？

也许有人会说，从历史上看，这二者虽然不和谐，不是也曾经有过辉煌吗？不是还有普利策吗？这个没错。但是，细想一下就可以发现，新闻从来都没能够自给自足，因为它压根儿就不是商品，所谓的商业模式其实是媒体业而不是新闻业的商业模式。退一万步讲，即使把原来新闻依附于媒体的模式叫商业模式，那现在它也已经破产，无法持续。从某种意义上讲，传统媒体危机正好给了新闻和商业模式一个分道扬镳的机遇。那么，随之而来的问题就是如何为新闻专业主义的生存发展寻找一个生存模式，抑或可以有个真正的新闻商业模式也未可知，虽然历史上没有，现在没有，将来还看不到。

新闻的核心

世界上的事情说不清楚的根本原因大概有两点，一为定义，二为测量。定义决定认知，测量决定验证。因而这里谈新闻也有必要从定义说起，界定一下我们所谈的新闻是什么。我们这里要定义的是 journalism，而不是 news。虽然说 journalism 是做 news 的，但有 news 不一定就是 journalism——抱歉这里不得已用英文来区分一下，因为如果用中文来讲这个意思，恐怕更成绕口令了。

新闻（journalism）不等于媒体（media），因而新闻模式不等于媒体模式。再者，我们也不是来复习教科书上对 journalism 的定义的，诸如新闻（journalism）是"关于新闻（news）报道、评论、分析的原则和技巧"。我们需要狠抓头皮琢磨的是，这个 journalism 究竟是什么东西？它的核心和界限在哪里？只要是有关 news 的生产、传播就是 journalism 吗？娱乐新闻是 journalism 吗？体育新闻是 journalism 吗？文章、马伊琍"周一见"和"且行且珍惜"是 journalism 吗？在社交媒体时代，一个吃瓜群众上传发布一张现场照片是 journalism 吗？它同一个报社记者发一张同样的照片究竟有什么不同呢？

这些问题看起来很简单，深究起来却特别有意思。20 世纪 70 年代有过这么一件事：美国有个非常有名的先锋派画家汉斯 · 哈克（Hans Haacke），擅长以观念艺术和行为艺术来解释和批判政治社会现实。1971 年，哈克应邀到美国现代艺术的最高殿堂之一古根海姆美术馆举行个展。就在距开幕不到六周的时候，个展被美术馆馆长梅瑟（Thomas Messer）叫停，理由是其中的三幅作品不是艺术，而是新闻（journalism）。

这三件被馆长称为新闻作品的是什么呢？有两件是纽约曼哈顿贫民住宅区的黑白照片，外加公开的资料：住宅编号、业主信息、交易记录、市值、按揭情况等等。题目为"截至 1971 年 5 月 1 日夏普斯基家族曼哈顿房地产持有：真实时间的社会系统"。第三件作品更绝，是参观者参与填写的调查问卷，包括性别、年龄等项。

个展的发起人和策划人是立体主义画派和当代艺术的权威弗赖伊（Edward F. Fry）。弗赖伊极力推崇此组作品，说它们"改变了艺术与现实的关系，也改变了人们对于现代艺术的认识"。弗赖伊当然对馆长将艺术贬低为新闻的做法不以为然，据理力争，结果被炒了鱿鱼。弗赖伊虽然是个大牛，但却再没有在美国各大艺术博物馆找到工作，而是转到了大学教书，混得风生水起——这不是在讽刺学界好混，只是想说业界和学界江湖不同。

插句题外话：汉斯·哈克一件题名为"新闻：RSS 新闻订阅，纸张和打印机，尺寸不一，1969/2008"（Hans Haacke, News：RSS Newsfeed, paper and printer, various dimensions, 1969/2008）的作品也非常有名，同新闻关系更近一些，有兴趣的读者不妨去网上看看。

那我们的问题来了，馆长说哈克的三幅作品不是艺术是新闻，那我们觉得呢？它们是新闻吗？如果不是，那新闻是什么？

这个定义还真不好下。首先，我们从理念层次开始说，新闻应该是特定理念比如公共服务、民主看门狗等主导下的新闻的采集和呈现行为等等；其次，我们可以说新闻是一系列操作规范，比如验证、准确、客观、平衡、多信源等等。这两方面的讨论海了去了，也没能把这个问题讲清楚。那么，我们来谈结果，因为无论是理念还是操作规范，其落脚点肯定是内容。而媒体的内容非常庞杂，也很难为新闻确切画出一个清晰的边界，何况在新媒介环境中，特别是受众加入内容生产以后，即使有个认同的传统边界，它也正在被重新协商和认定。

那么，让我们再简化一下，不去定边界，而是去看看媒体内容里同新闻的理念和价值观最吻合的、同新闻的政治和社会角色最相配的那部分内容是什么。照著名学者亚历克斯·琼斯（Alex Jones）的话说，这块东西是新闻的"铁核心"。❶这个核心不是名人，不是体育，不是漫画，不是拼字游戏，不是广告，不是周末度假去哪儿玩、去哪儿吃，不是菜谱，不是宠物，不是房产投资，不是化妆减肥。这个核心就是有关政治、经济、社会的事实报道，这个核心的核心便是深度和解释报道，用通俗的话讲，就是硬新闻或者严肃新闻。

这块核心应该是最重要的，也是最没有争议的 journalism 吧。以这个核心为基础的新闻模式是什么呢？可以简单概括为三大功能，即启蒙民众、监督权力、提供论坛，也就是报道和解释事关国计民生的重大问题。这是至关重要的新闻，是新闻的灵魂。

以上这个说法应该没有大毛病，可我想说的重点不是这个，而是这个核心功能和核心内容——硬新闻和严肃新闻往往是枯燥的、最不吸引受众的，也恰恰是最花钱的、叫好不叫座的。说白了一句话，严肃新闻从来就不是商品，以前不是，现在不是，将来也许更不是。

所以说，新闻模式同商业模式原本就是志不同道不合的两条道上跑的车。

新闻从来不是买卖

新闻不是商品因此也不是买卖。既然我们说新闻是民主的保证，是第四权力，是政治体制的一部分，那凭什么是商品呢？其他权力机关和公共服务是商品吗？法院有商业模式吗？反过来讲，既然是公共利益，作为私企的媒体组织为什么需要背着抱着这个新闻宝贝而得不到补偿呢？媒体组织为什么不能在商言商呢？无论你怎样站在社会责任、公共利益等道德制高点去谴责，其关系也是拧巴的。媒体是商人，"商人重利轻别离"，抱怨来抱怨去，成了怨妇，唱《琵琶行》解决不了问题。

新闻的模式以上面的定义解释就是以公共服务为宗旨的严肃新闻的生产和传播。在这个模式里，事件本身只是素材，要经过一系列的专业的提炼才能成为新闻。新闻的模式细分可以有几种，比如有欧洲的更文学化、更政治化、个人化、更知识化的模式和美国的客观、平衡、事实性报道的模式，但归根结底是公共服务模式。比较无奈的是，由于历史的原因，新闻模式同商业模式捆绑在了一起，或者商业模式借着新闻这个壳上市了。在英国尚有 BBC 电视系统的公共模式，在美国就完全成了商业模式。

然而，新闻模式同商业模式是两套逻辑、两套话语体系。在新闻模式里，公共服务是其出发点和目标。新闻服务对象——或者希望服务的对象是公民，成功的标志是培养出讲政治、负责任的合格公民。而商业模式是投资者利益的最大化，正如汉林（Hanlin）和曼西尼（Mancini）所说："其目的是利润，通过娱乐消息吸引个体的消费者，然后再把消费者的注意力卖给广告商。"❷

这种基本生态从 19 世纪 30 年代现代大众新闻开始就一直没有改变。无人否认商业成功的重要性，《华盛顿邮报》前老板格雷厄姆（Katharine Graham）曾说过，新闻专业主义的最大保证就是经济实力。但是说破了天，媒体作为营利组织，首先是企业，民主的公益毕竟是第二位。两者有时候貌似可以调和，但是在更多的情况下是冲突的，这个应该说制度设计有缺陷。汉林和曼西尼说美国的模式——新闻模式和商业模式捆绑的模式提出的目标很少能够完成，而且常常同新闻业的现实不符。❸

也许有人反驳，那历史上，新闻不就是这么走过来的吗？不是出现了许多典范吗？这话没错，可问题的症结不在于历史上有没有专业主义，而是这个新闻专业主义是否养活过自己。

新闻从一开始就不是商品。在美国，最早的新闻报纸是印刷厂的副产品，犹如现在的复印店随便印份传单之类。到后来，新闻纸成为党派和富有阶层供养的政治宣传品，是政治斗争的工具。1833 年，《纽约太阳报》创刊，进入便士新闻时期，一份报纸卖一美分，媒体犹如今天的社交媒体，开始走入大众，而在此之前，一份报纸要卖六美分。六美分与一美分，今天来看差别不大，但是在 1833 年，一头牛才卖 12 美金，17 美分可以买一磅咖啡。六美分一份的报纸自然把平民排除在外了。

教科书上说便士报开创了报纸的商业模式，但是，我们可以算算账：一美分一份是根本收不回成本的。这个模式实质上把受众变成了商品，卖给广告商。在这里特别容易误会的是，便士报创立的是媒介（media）的商业模式，而不是 journalism 的商业模式。有一句话一针见血：根本就没有什么新闻产业；新闻人误以为自己在做新闻，实际上是在做广告。这好比过去江湖上卖跌打丸的，武功杂技表演不是商品，是撑场子，卖的不是艺，卖的是药。1896 年，阿道夫·奥克斯（Adolph Ochs）买下了《纽约时报》，提出了新闻的理想模式：平衡报道，不骄不馁，不偏不倚，百家争鸣，理智讨论，独重事实，不媚受众。然而，这个冠冕堂皇的模式在现实中却很难实施，因为在其商业模式中，是必须要"媚众"的，没有受众，广告商不会给钱。

美国媒体经济学家汉密尔顿（Hamilton）在《适合销售的新闻》一书中，深入分析了市场将信息转化为新闻的过程，强调市场对内容的决定作用。❹在这个商业模式里，新闻并不是为了民主，而是为了读者的消遣，而记者是为了工作，老板是为了赚钱。媒介经济的商品属性，决定其根本上是供需关系，消费者的愿望驱动媒体的消费。

汉密尔顿总结说，决定新闻的不是什么新闻学的所谓五个 W（What,

Who，When，Where，Why），而是关乎经济利益的五个 W：

（1）谁在乎（Who cares）。

（2）他们为此想付出什么（What they want to pay for）。

（3）媒体和广告商在哪里可以找到这些人（Where can media and adver-
tisers found them）。

（4）什么时候提供这些新闻才是有利可图的（When providing these
news can be profitable）。

（5）为什么这个可以赚钱（Why it's profitable）。

从历史看，新闻模式也是让渡给商业模式的。在便士新闻之后近 150 年
的时间里，这个商业模式左右新闻内容。严肃新闻内容不到 15%，85% 是
娱乐，而娱乐是最能赚钱的。什么最娱乐？暴力和色情。这也就解释了为
什么批判了三五十年，媒体暴力和色情却变本加厉。

15% 同 85% 这样的比例还可以这样解读：做 15% 的那部分的新闻人是
由娱乐新闻来养着的，或者换个说法，新闻人的工资基本是由从来都不看
也不欣赏自己的那部分受众养着的。

决定媒体生产的从来都是底线，是市场供需，曾经有编辑抱怨说：我
们少报或者多报消息实际上没有读者关心，但是如果今天的漫画没有了，
或者填字游戏没有了，马上就有人抗议。

但是，如果把问题的症结归结于受众不行的话，我们就又错了，所谓
读者是上帝是天大的误导，因为广告才是。我们以为报纸的衰落是因为读
者跑了，其实根本的原因是广告跑了，传统媒体被广告抛弃了。一方面广
告有了新欢新媒体，另一方面是广告业已不用借助媒体这个中介而可以独
立做生意，可以直接深入读者的屏幕。

那么，接下来的问题是，如果新闻模式和商业模式在历史上可以凑合

的话，那么，为什么媒体不可以利用自己的经验和资源在新的媒介生态环境下继续这个模式，新闻模式和商业模式继续搭伙过日子？虽然不理想，但有总胜于无。可严重的问题是，就是这样凑合的日子也没得过了。为什么以前的模式不灵了呢？原因有多种，比如媒介生态的改变、垄断被打破等等，但最根本的是盈利单位由过去的整个报纸变成了单篇文章。以前的内容打包配送，严肃新闻可以被搭配出去。而现在的社交媒体时代，受众消费转发的是一篇文章、一个视频或者一张图片，打包批发变成了单个打赏。

有了大数据，饿死总编辑

媒体内容的盈利单位改变以后，以往的新闻和商业搭伙的模式再不现实，新闻模式和商业模式之间的冲突更加突出，困局近乎无解。在很大程度上，媒体融合、媒体转型的过程就是对新闻（journalism）的排斥和挤压过程。

道理很简单：媒体日子好过的时候，都是"底线"第一位，现在连"底线"都失守，自身难保，怎么可能考虑新闻这个二线、外围？基本的立足点和出发点都是盈利。现在所谓"吸引受众（engagement）新闻"的实质是市场说了算，报什么不报什么，是由受众即时监测数据来决定的。哪条新闻最受欢迎，哪条转发率最高，读者都是什么人，一切都在屏幕上，一目了然，哪还用得着总编辑来开什么编前会。更多的读者接收新闻是根据算法的推送而不是编辑的选择。根据牛津大学路透新闻研究所的调查，54%的受众更倾向于通过算法的推送比如搜索引擎、社交媒体、谷歌等接收新闻，只有44%倾向于依靠新闻编辑和记者，例如通过报社的网站和Email。

而且 35 岁以下的受众，前者的数字为 64%，后者只有 34%。❺可谓有了大数据，饿死总编辑。这也许解释了为什么很多地方报纸不再设总编辑的职位。

而这种几乎完全由市场说了算的商业模式已经决定了新闻的娱乐化和小报化不可避免，而整个新闻生产和流通的网络化更为此创造了条件。波兹曼在《娱乐至死》中说过这样的话：当只有报纸的时候，信息是有用的、相关的，是可以行动的；当新闻不相关，可以随时随地消费，产生距离时，新闻就成了娱乐。

从目前媒体融合和转型的路径和方向来看，其结果多半会是商业未必成功，而新闻专业主义必然流离失所。

近年来，由于传统媒体的商业模式崩盘，许多媒体从原来的印钞机（30% 的利润率）变成了负资产。而媒体融合和媒体转型需要大量的资金注入。在这种情况下，风投基金看准了机会，前来抄底。当然，对于濒临破产的媒体来说，来了金主毕竟不是坏事，也许，资金注入以后，可以争取到一个喘息调整的机会，等渡过难关以后再说。问题是，如果一个报社被风投控制，它会考虑新闻专业主义吗？

有这样一个故事，说河边有一只折翅的马蜂，央求青蛙把它背过河。青蛙说，你可千万别咬我。马蜂自然信誓旦旦，可刚踏上岸，马蜂立刻就是一口。青蛙很愤怒：你为神马咬我？马蜂一撇嘴：不是我要咬你，是我的本能要咬你。风投资本的本性是什么，是投机和利润。

因此，过去十年，风投资金的进入非但没有减轻商业压力，反而加剧了传统新闻的崩溃。因为这些资本新贵同以前的家族出版和专业报业集团不同，这些金主同新闻媒体没有感情联系也没有价值认同，对于它们来说，一家报纸同一个养猪场没有区别，挣钱就养着，不挣钱就杀掉喝血吃肉。

有人说瘦死的骆驼比马大，传统媒体经营那么多年，就是没有盈利，也还有品牌。问题是，当媒体内容的盈利单位为单篇文章，而受众又零碎化时，品牌的影响力被无情消解。牛津大学路透新闻研究所跟踪了 2 000 位用户，发现大多数人能记得他是从什么路径得到的消息，比如朋友分享、应用推送、平台等，而能够记住文章原创出处的还不到半数。❻

当然，也不是说一点希望没有。这个希望不在别处，就在于公众的觉醒，能够认识到新闻的问题不是通过商业模式可以解决的，其公共服务需要公众埋单。公众的觉醒与回归也许需要经过更长的时间、更多的教训。可喜的是现在已经有一些积极的苗头。对于社交媒体，人们从最初的狂热逐渐过渡到冷静。根据牛津大学路透新闻研究所的统计，只有24%的人认为社交媒体能够分清虚构和事实，相比之下，40%的人对传统媒体更有信心。传统媒体特别是报纸的付费订户有可观的增长，29%的年轻人愿意付费的原因是想赞助专业新闻。

得克萨斯大学的齐湘教授认为随着时间的推移，媒体会出现"拉面效应"。❼所谓"拉面效应"是说大众一开始可能会喜欢廉价或者免费的产品，比如拉面，等到人们有了钱，或者吃腻了，还是会去消费有营养的牛排。皮尤研究中心2004年和2008年的调查数据发现了一个特别有意思的现象：随着人们收入的增加，线上新闻的消费明显减少。这似乎佐证了这一效应。

然而，无论传统媒体的未来如何，都必须抛弃原来的思路，新闻特别是核心新闻，从来也不是商品，更不是买卖，媒体商业模式和新闻的生存模式是两个问题，该公共的归公共，该商业的归商业。如果不理清这个关键问题，依然把新闻模式等同于媒体的商业模式，那无论媒体转型成功与否，新闻专业主义都无可救赎。

【注释】

❶ JONES A. Losing the news. New York：Oxford University Press，2009.

❷ HALLIN D，MANCINI P. Comparing media systems，three models of media and politics. New York：Oxford University Press，2004：252.

❸ HALLIN D，MANCINI P. Comparing media systems，three models of media and politics. New York：Oxford University Press，2004：206.

❹ HAMILTON. All the news that's fit to sell：how the market transforms information into news. Princeton. NJ：Princeton University Press，2004.

❺ REUTERS INSTITUTE OF JOURNALISM. Journalism Digital News Report 2017. Oxford：Oxford University，2017.

❻ REUTERS INSTITUTE OF JOURNALISM. Journalism Digital News Report 2017. Oxford：Oxford University，2017.

❼ CHYI H I. Trial and error：U. S. newspapers' digital struggles toward inferiority. Media Markets Monographs，2015（14）.

第 14 章 | 后真相时代新闻的立场与担当

　　新闻的立场首先是对自己的使命、原则和价值的明确认知和在行动中的坚持。立场同客观并不矛盾，客观是方法而不是原则和目的。在后真相时代，新闻仅仅报道事实是不够的，必须有立场和担当。

　　新学期刚开始，圣克劳德州立大学《大学纪事报》的主编找到我，问能不能来编辑部座谈一下，讨论一个他们困惑很久的问题：办好一份学生报纸，究竟最重要的是什么？

　　我问：为什么有这样的问题？新闻理念、技能这些你们在课堂上都学过了，如何操作也应该是你们在第一线的最有发言权。

　　回答：我们每天都四脚朝天，找选题，联系采访，写稿、编稿，除了报纸，还要做网络、多媒体、社交媒体；在工作中，我们同样重视理念和伦理，比如客观、准确、平衡等等；社交媒体营销我们搞，有机会就送礼物求关注——但是，令人沮丧的是，还是没人买账，更看不到我们的影响。

　　学生的问题还真不太好回答。我仔细翻看了他们近期的报纸，想了很久，终于，在同编辑部同学座谈的时候，喊口号似的提了这么一句话：做有性格的报纸！同学们有些不解：何为有性格？我补充：第一，有立场；第二，有担当。

　　估计是立场这个词惊了大家：什么？立场？那客观怎么办？这不是教科书上的金科玉律，而且也是你们老师谆谆教导的吗？

　　学生条件反射般的反应我早预料到了，想必多数新闻人也会对立场一类的字眼过敏。而上面说到的学生报纸的困惑，恐怕也是当前的媒体大环境下新闻业遇到的普遍问题。

　　那么，当前的大环境是什么呢？传统新闻媒体经历了十几年的生存之战，使尽了浑身解数，无奈到目前为止，基本上还是水深火热。原因复杂，后果却清晰可见：主流新闻媒体把关人的权力被消解，议程设置的作用被逐渐削弱。这不仅仅是传统媒体转型的问题，因为近年来，几家一度很抢眼的网络新闻媒体如《赫芬顿邮报》、BuzzFeed 的经营状况也出现反复。与此同时，此消彼长，社会进入所谓的后真相时代。2016 年，《牛津大词典》把"后真相"列入年度热词，将其典型特征定义为"情绪和个人信仰比客观事实更能影响公共舆论"。最近发表在《科学》上的麻省理工学院的一项研究成果发现，在社交媒体上，假信息比真信息传播得更快、更深、更广。也许正应了康德那句话：人是由扭曲的木头做的，因此也别指望人能生产出什么正直的东西。而面对虚假新闻的泛滥，不要说新闻界，就是整个社会也可以说是不知所措。

回想互联网兴起之初，大家对于新媒体的未来充满了憧憬，想着新媒体的巨大赋权作用，有一种解放了的感觉。传统媒体死亡又有什么关系？新媒体特别是社交媒体将带我们进入一个人人都是记者、人人都是制作人的新时代。正当大家欢呼庶民的胜利的时候，突然发现好像哪里有些不对了：互联网和新媒体所承诺的更民主、更多元的社会没有到来，到来的是社交媒体平台谷歌、脸书和推特的几家独大，它们成为媒体帝国，而数字鸿沟进一步扩大，虚假信息充斥网络，获得真相和交流的社会成本急剧加大。

也许我们现在应该把硅谷工程师们的技术解决一切的美好愿景稍微放一放，转而认真思考一下那些经常被讥讽为迂腐不堪的知识分子对网络社会的担忧与批评。起码现在来看，群众路线这条路行不通。传统媒体的复兴和转型已经不仅仅是个技术问题，而且是个政治问题和社会问题。就新闻业自身来讲，其核心问题是在这样的环境中，如何重新认识自我使命和价值。然而，无论是业界还是学界，对这个问题的讨论都局限于以客观为核心的新闻专业主义的框架。其实，传统媒体作为肩负公共服务大任的政治和社会组织，在目前的信息混乱和失控下，应该挺身而出，超越客观的事实报道，重拾新闻的立场和担当。

何为新闻的立场与担当

从根本上讲，新闻的立场首先是对自己的使命、原则和价值的明确认知和在行动中的坚持，这决定了你是谁、做什么、如何做，比如新闻求真的立场、公共服务的立场。立场更多的时候是一种选择。在真相和正义确定的时候，立场不言而喻，比如吾爱吾师，吾更爱真理；而当其未知或者不确定时，使命和价值观决定立场。不少人对立场这个字眼敏感，认为新闻媒体压根儿就不应该有立场。新闻怎么可以没有立场？对于人权、男女平等、种族歧视、性取向、童工、恐怖行为等等，怎么能够中立？这不是观点的争论，而是对事实、人权和人性的挑战。

新闻的理念和定位，首先决定了新闻应该站在权力的对立面，新闻记者是权力的天敌。在尼克松时代，不少记者是上了白宫的黑名单的。而现任总统特朗普从一开始就同新闻媒体不对付，除了一有机会就冷嘲热讽，给个小鞋穿穿——比方说剥夺你的采访提问机会等等，还在自己的推特账号拉黑了不少记者。特朗普仇视记者的做法，于情于理都站不住脚。为什么？你是民选总统，不是私企老板，你的推特账号认证的是美国总统特朗普，别说新闻记者，任何公民都有质询监督你的权利。

特朗普当选总统不久，想同新闻界缓和一下关系，主动提出要同几家主要媒体的老总、编辑和评论员见面。但他提出了一个前提条件：会面不做公开报道。结果，几家电视媒体同意了，毕竟对方是总统，况且收视率意味着真金白银。但是，《纽约时报》等报纸断然拒绝。为什么？因为总统同新闻界会面是公共事件，不是私人聚会，新闻界批评特朗普更不是出于私人恩怨，怎么能私下勾搭，而把民众的知情权抛在一边？主流大报立场鲜明，而电视媒体却集体失守，高下立判，难怪人们常说电视不是新闻媒体而是娱乐。最终特朗普不得不让步，取消前提条件，前去《纽约时报》沟通。他一反常态，身段放得很低，好听的话说了一箩筐，临走时更是以特有的特朗普腔说："《纽约时报》是美国的最亮的明珠，也是世界的明珠。我希望我们可以友好相处。"没承想，《纽约时报》并不买账，第二天的报纸发表了一篇署名评论员文章，大标题直接就是"不，特朗普，我们就是不能友好相处"。耳光响亮。文章的作者居然还写道：我非常自豪，我没有去参加同你的会面。这是什么？这就是立场。

担当与立场紧密相连，但有立场不一定有担当，喊出来站出来的立场才是担当。比如面对邪恶，人们基本能够辨别是非，也都有立场，但是未必敢于担当。

今年好莱坞大片《华盛顿邮报》，说的是《华盛顿邮报》为发表美国国防部越战机密档案而不惜同政府对簿公堂的事，其中提到报社女老板凯瑟琳·格雷厄姆（Katherine Graham）如何顶着压力来支持档案的刊登。格雷厄姆有句名言：捍卫出版自由的最好办法就是出版。实际上，这位女老板受到的压力比电影里表现的还要大，不仅仅是来自政府这个国家机器的威胁，更大的压力来自亲人和朋友。格雷厄姆貌似女强人，但其丈夫在两年前抑郁自杀，也算是孤儿寡母。当威胁有可能危及你的家人的时候，当亲戚朋友都苦苦劝你没必要如此意气用事的时候，任何人都会犹豫。但是，格雷厄姆最后说出了一个字：发！这是什么？这就是担当。

当然，这些历史上可圈可点的英雄之举未必人人都能效法。其实更重要的、更艰难的是日常琐碎中的坚守。在各种诱惑和压力面前，不忘记自己的根本道德义务是报道真相，是监督权力，而这一切都落脚于公共利益，而其中最大的利益就是民主社会的公平正义和健康发展。

如果我们从正面还没有说清楚什么是立场和担当，那么，也许可以谈谈反面的案例，看看什么是没有立场和担当。

美国"9·11"恐怖事件以后，群情激愤，要求对本·拉登和"基地"组织开战。布什政府利用了民众的情绪，把本来不相干的萨达姆说成幕后的黑手、最大的威胁，还说萨达姆拥有大规模杀伤性武器，就藏在巴格达总统府的地下。当时许多熟悉中东事务的记者觉得美国政府的说法不可思议，甚至荒谬。其一，萨达姆同"基地"组织是死对头，萨达姆一直把拉登和"基地"组织看成自己独裁的最大威胁，根本不可能同"基地"组织和本·拉登搅和在一起。其二，大规模杀伤性武器一般来说是化学和核武器，那么危险的东西怎么会放在自己的卧榻之下，先不说自己有可能失手引爆，一旦被敌人知道引爆，岂不也是找死。但是，美国新闻媒体，包括《纽约时报》《华盛顿邮报》却丧失了自己的独立立场、求真的立场、监督权力的立场，为了迎合民意，把政府的虚假信息和宣传单照收，不去质疑，不去挑战，美国新闻媒体成了战争的吹鼓手。其结果是，萨达姆根本就没有参与"9·11"的恐怖袭击，更没有大规模杀伤性武器，白白牺牲了成千上万的生命和近两万亿美元纳税人的财富。

也许人们会说战争毕竟是非常时期，新闻媒体在公众的爱国情绪和政府的压力下很难有更多的作为。那么，在和平时期，新闻媒体的表现也令人失望，比如引发上次金融危机的次级贷问题，尽管不少专家都发出了警告，媒体却几乎没有一篇像样的分析和调查。

英国首相卡梅伦的"猪头门"更是一个鲜活的例子。2015 年 9 月 21

日，英国《每日邮报》（*Daily Mail*）爆了个大新闻，发表了保守党前副主席迈克尔·阿什克罗夫特（Michael Ashcroft）和一名记者伊莎贝尔·奥克肖特（Isabel Oakeshot）合著的传记的节选，说卡梅伦的牛津同窗声称，卡梅伦曾经参加大学兄弟会的一场离谱的入会仪式，把"身体的某个私处"塞进了死猪的嘴巴，还说这位牛津同窗见过照片，有图有真相。

这料够猛！随后有十几家新闻媒体转载，网络转发分享更是上百万，直到今天，不少人还信以为真。且不说这些媒体不加核实去抢着转载是多么不专业，让人大跌眼镜的是当受到质疑拿不出任何证据时，那位记者的回答。她居然振振有词辩解道，她不知道这个料的真假，也没有见过照片，只是爆料者说听别人说的，她只是如实、客观地陈述了别人的说法，至于真假，相信读者可以自己判断。这何止没有担当，简直就是不负责任。这是典型的你说我说，爱信不信。这当然不是个别现象，道听途说不加核实和验证，或者是你说他说的假客观在新闻媒体上俯拾即是。

客观是方法，从来不是原则

如果细究，新闻的许多价值和概念彼此不太和谐，甚至相互矛盾。比如说一方面强调准确和验证，另一方面又要抢头条；一方面要保持距离，旁观者清，另一方面又要求你深入下去。一如著名战地摄影家卡帕所说：你拍得不够好，因为你不够近；一方面要你保持中立，另一方面却鼓励你去扒粪、做调查报道。当然可以去说什么对立统一、辩证一类的正确的废话，不可否认的是，如果一套原则需要去对立统一、去辩证地领会，那起码说明该价值体系太不成熟或者比较乱。

新闻的客观性是个悲催的概念，同时受到学界和业界的质疑。正如美国著名媒体伦理学家史蒂夫·沃德（Steve Ward）所说："客观从来没有一个精确的定义，也没有一个详细的明晰的理论。"❶客观本来是个哲学概念，却不是在哲学的课堂上辩论形而上，而是安家落户在新闻编辑部里。一般来讲，客观有两层意思：一层意思是指信息同事实的相符程度，另外一层意思是说记者对个人主观倾向的克服。如果说第一层意思的客观还可以勉强验证，那么第二层的客观涉及人的主观，就没那么容易说清楚了。著名学者赫伯特·甘斯（Herbert Gans）在《决定新闻》（*Deciding What's News*）一书中说过：新闻的客观从认识论上讲，是不可能的，因为你一开口问问题，就是在选择。❷另外，新闻对现实的呈现需要通过语言，而语言本身就是主观的。而判断客观的标准多半也是主观的，客观与否往往取决于你的立场。在这一点上，新闻的客观极容易被意识形态化和政治化。

从历史上看，新闻的客观观念的提出和形成基本是出于功利主义的。

新闻原本是没有客观这一概念的。19 世纪末和 20 世纪初的美国新闻业，记者对收钱写文章习以为常，什么利益冲突之类的禁忌观念简直荒唐可笑，拿人钱财，替人消灾。客观的出现，如同倒金字塔的写作方式，首先是市场的推动。客观的新闻可以最大范围地迎合市场，争取客户，有更好的经济效益。特别是美联社这样的通讯社出现以后，更是如此。在最初的经济利益助推以后，衣食足而礼乐兴，新闻开始树立自己职业的体面和尊严，因此就有了自己的行业组织和行业伦理，新闻也开始进入大学的殿堂。随后在 20 世纪的二三十年代，李普曼的主张奠定了学理基础。李普曼认为如果民主和自由依赖于可靠而真实的信息，那么新闻媒体必须要有一个可靠的具体的验证方法，而最好的方法便是科学界普遍使用的客观方法。随后的近百年间，新闻的客观性通过这三种力量——经济、职业和学界的共同建构，得到了空前的放大，甚至逐渐成为新闻学的一块基石，离自己的本尊其实是越来越远的。但是，客观从来就不是一种新闻价值和原则。

李普曼非常明确：客观是一种方法，而不是原则，新闻人也不被要求要客观，甚至都不被要求中立。❸科瓦齐和罗森斯蒂尔在《新闻的十大基本原则》里列举的新闻的十大原则，是在广泛的社会调查基础上形成的，可以说反映了业界、学界和受众的共识。在这些原则里，并没有客观和中立。同样，1996 年，美国职业新闻记者协会在修订其伦理守则时，删除了客观。无论从起源上看还是从随后的实践中看，客观指的是方法，而不是使用方法的新闻人，是技巧而不是目的。作为方法的客观，其根本目的是靠近真相。由此，新闻界发展了一套具体的操作方法，比如，第三人称、规避利益冲突、平衡报道、平实文字、避免文学语言等等。即使从方法上讲，也很难说这一套东西是否真的有效。比如说，在欧洲传统中，特别是英国新闻，更多的是人文和智识传统，讲客观，重观点，但很难说英国的新闻就不如美国，《经济学人》《泰晤士报》《卫报》和 BBC，都可以称得上世界新闻的典范。

后真相时代更需要立场和担当

理论上，新闻客观存在诸多的混乱和误解；实践上，新闻客观更多的时候流于机械的你说他说，无助于甚至损害了事实和真相。例如，汉中市大年三十杀人案，界面新闻的一篇标题为"知情人讲述：我所知道的张扣扣杀人案"的报道，仅仅是照搬了犯罪嫌疑人发小的一面之词，貌似客观的陈述，其结果却有可能是最不客观的。实际上，在更多的情形下，所谓的中立和平衡其实造成了更严重的不客观不平衡，比如在美国媒体上，你可以经常听到许多政客和所谓的专家攻击墨西哥非法移民是杀人犯、强奸犯，是贩毒者，许多社会问题都是他们造成的。如果你质疑节目有问题，他们就说媒体是中立的平台，为各种观点提供陈述的机会。问题是，这些怕政府遣返而整天提心吊胆的非法移民，谁又敢到你的节目上澄清自己不是强奸犯，不是毒贩？这貌似客观和中立的结果恰恰隐含最大的偏见和不平等。

客观在许多情形下实际上成了媒体不作为的借口。面对谎言、邪恶，如果只是保持中立，无异于纵容，甚至同流合污。也许有人会说，我们不是没有立场和观点，只是我们的立场和观点要通过信息源的引用来实现。这春秋笔法也许聪明，但是，严格讲起来，这无疑是一种欺骗，还不如光明磊落地表明立场。

今天的媒介生态已经发生了根本的改变，许多新闻的理念和方法失去了原来的环境，比如新闻的互动性、开放性、参与性无疑也消解了客观。新媒体革命以前，是信息稀缺时代，作为把关人的新闻媒体控制了社会信息的生产和传播，新闻媒体的客观和平衡报道就显得至关重要，因为公众没有别的渠道去了解。现在人们不再依靠新闻媒体来获得基本的事实和信息，而实际上新闻媒体对信息的生产和传播也基本失去控制，即使对自己生产的信息的销售权和分享权也掌握不了。

常话说，人人都可以有个人的观点，却不能有个人的事实。思想的市场必须有市场秩序，必须要有共同的事实作为前提。然而，在后真相时代，连美国总统都在说可以有"另类的事实"，社交媒体吞噬了新闻，真与假，事实和谎言，善良与邪恶，数字鸿沟，思想市场陷入空前的混乱，其严重后果是人们不仅对媒体，而且对一切都失去了信任。而当人们什么都不信的时候，就什么都会信。

　　美国诗人惠特曼在《自我之歌》中说道："事实，真实而有用，但却不是我的家园；我要通过它们进入我的家园。"客观和事实只是新闻的道路，不是目的。对于民主社会来讲，需要事实，但更需要信任、对话、共识和公民的积极参与。没有是非，没有立场，没有信任，没有语境为事实赋予意义，那这些事实又有什么用呢？无非海量的碎片，无非一地鸡毛。正如美国资深新闻人亚历克斯·琼斯所说："新闻真正的危机，不是倾向性，而是下降的品质，失去了道德感召、价值和使命感。"❹一句话，即失去了立场和担当。回顾新闻专业主义近百年历程，那些改变了历史的新闻，那些以普利策获奖作品为代表的新闻典范，恰恰不是因为如何客观中立，而是因为立场和担当。

【注释】

❶ WARD S. The invention of journalism ethics：the path to objectivity and beyond. London：McGill-Queen's University Press，2006：11.

❷ GANS H. Deciding what's news：a study of CBS Evening News，NBC Nightly News，Newsweek，and Time. 25th anniversary edition. Evanston，IL：Northwestern University Press，2004：182.

❸ LIPPMANN L. Liberty and the news. Princeton，NJ：Princeton University Press，2008.

❹ JONES A. Losing the news. New York：Oxford University Press，2009：xviii.

第 15 章 权力的丧失：社交媒体时代新闻人的职业危机

　　笼统地讲，当前新闻业有两大危机：一个是经济危机，关乎新闻业作为一个行业的生存与发展；另一个是职业危机，即新闻作为一种职业的社会认同，一句话，新闻人的专业性和社会价值体现在哪里？社会产品的生产者和服务提供者通过职业化来界定同消费者的社会界限和距离，而这种权力关系、界限和距离的产生和维持有赖于一定的社会政治、经济及文化背景和条件。因此，新媒体和社交媒体的革命，核心是对权力关系的破坏和重构。

普利策奖自 1917 年设立，已经百年。这个奖可以说是新闻人梦寐以求的至高荣誉，是终身的职业光环。然而，谁又会想到，这顶桂冠的荣耀如今都撑不住一个新闻人的饭碗。

2015 年 4 月，该年度普利策奖揭晓。美国加利福尼亚州一家发行量只有六万多份的《每日吹风报》（*The Daily Breeze*）因其卓越的地方报道，获得了普利策奖。当新闻人的目光都投向这家名不见经传的小报时，让人大跌眼镜的是，获奖的记者之一库兹尼亚（Rob Kuznia）早已辞职，到公关公司搞公关去了，说是压力太大，报社的工资连房租都交不起。

无独有偶，同年获得普利策公共服务奖的美国南卡罗来纳州的一位女记者也跳槽去了当地的县政府，做了媒体公关专员，原因是结婚了，想要个孩子。

这何止尴尬，简直是耳光响亮。当初普利策捐出巨款，资助哥伦比亚大学新闻学院和设立普利策奖，是要奖励那些品行优秀、能力超凡的年轻人投入到这一神圣事业中来，并把新闻报道中的最负责任的最为出色的文字标榜为业界的标杆。普利策奖不仅仅是对一个记者或者一篇新闻报道的肯定，更是对以公共服务为宗旨的整个新闻业的认同。要命的是，普利策奖获得者弃新闻而去，不是个体的戏剧性偶然，而是代表了一个职业的无奈与失落。

据美国新闻编辑协会的最新统计，美国的报纸数量从十年前的 1 600 份

左右减少到了 1 360 份；新闻从业人员近十年间流失了 40%，从过去的 5.4
万人减少到 3.3 万人，也就是说十年丢了两万。流失的原因不外乎被动的解
雇和主动的跳槽，而越来越多的流失是新闻人由于职业认同和价值的迷茫
而主动出逃。出逃的理由虽说有多种，但生活待遇其实不是最主要原因，
因为美国新闻记者的平均年薪多少年来也就是三万美元左右，从来也没有
高过，而从事新闻是一种自觉自愿的职业选择，大多数人选择新闻作为职
业不是因为钱。新闻人摈弃新闻业的根本原因是职业认同、成就感等全方
位的困惑与失落。根据近年的调查，在美国 200 个职业排名中，报社记者连
续三年倒数第一。电视记者相对"风光"一些，倒数第二。新闻人的职业
排名还不如管道工。

　　有关新媒体特别是社交媒体对新闻业的冲击，学界和业界已经讨论太
多。讨论的重点多在规范理论层面的新闻专业主义，应用层面的媒体融合、
媒体转型、盈利模式等，对新闻职业的讨论也基本在业务层面，即记者何
为，比如全媒体报道、大数据新闻等。其实，更紧迫、更严重的问题不是
记者何为，而是记者何用。在社交媒体时代，新闻业作为一个行业（indus-
try）是否已经过时？与此相关联，目前的新闻业余化或者说非职业化趋势，
是否意味着新闻作为一个职业的消失？当人人都可以是新闻人的时候，那
以新闻为职业的新闻人又是什么？

　　这些问题或许比新闻机构和行业的成败更为关键。人们总是说皮之不
存毛将焉附，但是，我们不妨反问一句：如果没有新闻人这些毛，要媒体
商业公司这些皮囊——无论如何膘肥体壮，又有何用？

没有新闻人的新闻业？

从政治经济学的视点来看，大众媒体是工业化的产物，具备资本主义大工业生产的基本特征，即通过资本占有生产资料，控制和垄断生产和市场，成为产业。资本主义的社会化大生产由工业化过渡到后工业化时代（post industrial），生产方式和生产关系的改变导致媒体生态的改变，产业重新定位，继而引发职业界限的消解和社会关系的重构。

后工业化新闻生产这一观点首先是由美国学者瑟尔斯（Doc Searls）在2001年提出的，指的是新闻不再必须围绕生产工具、生产资料来组织生产，职业和职场可以分离，而工业化时代的一大特征就是工作必须在工厂，办公必须在办公室。后工业化新闻生产的另外一大特征是生产成本和传播成本大幅降低，大众新闻可以是大众平台的小众生产，也就是美国著名新媒体学者詹金斯教授强调的参与文化（participatory culture），或者是社会学家卡斯特尔（Castells）所说的自我大众传播时代（self-mass communication）。

所谓产业，所谓职业，定义可以有许多，关键词不外乎界限和垄断、领地和门槛。从这个意义上讲，新闻这个产业的界限和领地已经被全方位突破。社交媒体对传统新闻业的冲击几乎是颠覆性的。根据美国皮尤研究中心的最近调查，如今60%的人们是从脸书和其他社交平台来获取新闻的，而脸书等社交平台严格来说并不是一个媒体组织，更不是一个新闻机构。当新闻业被新媒体公司如谷歌、脸书、推特等占领和控制后，还存在一个所谓的新闻业吗？至少可以这样说：传统新闻业已经被冲击得七零八落，新闻产业正在重构，而新闻职业也在重新定义。

在这样的大背景下，新闻人对职业价值和意义产生了怀疑和困惑，身份认同以及自我认同都遭遇了前所未有的危机。形势不可谓不严峻，虽然有理由认为最严酷的考验还没有到来。新闻不仅失去了受众，失去了信任，失去了市场，更可怕的是失去了自我认同，失去了方向。

在某种程度上，新闻人遭遇了公众和媒体机构的双重背叛。

先是公众的不信任和冷漠。在水门事件后的 1972 年，多达 72% 的美国人对于新闻界有信心，到了 1991 年，减到了 55%，而现如今，只有不到 32% 的美国人对媒体有信心，而在中青年人群中，只有可怜的 26%。

新闻人对公众也丧失了信心：人民群众是不可靠的。BuzzFeed 新闻网在一项调查中发现：李鬼打败了李逵——彻头彻尾的假新闻在脸书上的关注度超过了任何传统意义上的头条新闻。尤为令人失望的是，2016 年美国大选最后三个月的关键时段，虚假新闻的传播热度更是超过了《纽约时报》《华盛顿邮报》等主流媒体的报道。这些假新闻往往骇人听闻，假得不能再假，然而，无论主流媒体如何揭露、证伪，人们还是照信照传不误。人们一方面不相信主流媒体，另一方面却相信虚假新闻，实在是分裂得无人能懂。

还有比你服务的公众的冷漠更令人沮丧的事情吗？我认识一位美国地方报纸的总编辑，他从实习生开始做起，工作了四十多年，是当地家喻户晓的人物。去年年底退休的时候，包了一家餐厅办告别会。消息发了，请柬也送了，原以为至少要来 200 多人，还发愁地方小不小，饭菜够不够，结果只来了不到 50 位，丰盛的自助餐剩下大半。普利策评论奖获得者、《纽约时报》著名记者戴维·卡尔（David Carl）曾感慨：公众总是不停抱怨新闻界不接地气，可谁又关心自己家乡的报纸的裁员，甚至注意到了报纸版面的减少？

如果说公众的不信任和冷漠还可以忍受的话，那自己所服务的媒体组织的背叛则是更大的打击。从二十多年前行业不景气开始，一线的编辑和记者就被压缩和裁员。各大媒体集团在行业整合的过程中，为了在华尔街的业绩好看，纷纷"抛弃"新闻业务，单是在 2014 年 8 月不到一个星期的时间里，美国三大主要新闻集团甘尼特（Gannet）、论坛（Tribune）和斯科瑞普（E. W. Scrippe），就不约而同地将报纸业务剥离。一些新闻媒体开始用对待市场销售人员那样的方法，根据点击率来付记者编辑薪酬。新入职的记者试用期满，不是根据业务水平而是浏览量来决定去留。

在这样的生态中，新闻人的生存空间被一步步挤压，权力也在一步步消解。

权力的丧失

笼统地讲，当前新闻业有两大危机：一个是经济危机，关乎新闻业作为一个行业的生存与发展；另一个是职业危机，即新闻作为一种职业的社会认同，一句话，新闻人的专业性和社会价值体现在哪里？

新闻业的经济危机不同于一般所说的经济危机，危机的原因不是供需矛盾，而是供需关系的转换，说白了就是产业地位受到挑战，旧的商业模式已经难以为继，随时都有可能被淘汰出局。

相对来说，对于公众和社会来讲，新闻的职业危机也许更为紧要。因为从根本上讲，我们关心媒体机构的生死，不是在乎它的生意好坏，而是因为它提供了公共服务的平台和资源，着眼点在人而不是机构。

职业意味着社会认同你的某种专业知识和技能且愿意为这种服务埋单。从某种程度上讲，职业说白了是一种界限，是一种控制权，这种权力来源于公众的信任。密苏里新闻学院首任院长威廉斯（Walter Williams）在为世

界新闻记者协会撰写的《记者守则》中直截了当地称：新闻专业主义
（journalism）的根本是公众信任，这种公众信任带来的不仅仅是权利
（rights），更是一种权力（power）。

英国社会学家约翰逊（Terence Johnson）在《职业与权力》（*Professions and Power*）这部著作中，详细分析了职业与权力的关系。❶他认为某个行业的职业化过程就是一种权力关系的构建过程，社会产品的生产者和服务提供者通过职业化来界定同消费者的社会界限和距离，而这种权力关系、界限和距离的产生和维持有赖于一定的社会政治、经济及文化背景和条件。

因此，新媒体和社交媒体的革命，核心是对权力关系的破坏和重构。卡斯特尔认为，技术进步本质上是"权力关系的形成过程"。❷

那么，新闻职业权力的丧失，或者说得缓和一点，权力的消解都有哪些呢？

首先，从整体来讲，新闻的公共性让位于商业性，导致新闻人主导权的丧失。这个有种种具体的表现，比如新闻编辑部的公司化管理，从记者与编辑主导变为商业经理主导。记者和编辑不但要对新闻的生产负责还要为销售负责，新闻人直接成为生产线上的盈利单位，新闻人服务的不是公众而是老板。

其次，新闻人编辑权的丧失。编辑权是新闻人的核心权力，而现在，我的稿子我做主的日子一去不复返了。编辑权从"封闭"走向"开放"，从"专制"走向"分享"。把关人的权力让渡给了受众，每天通过流量看受众的反应，哗众取宠成为手段甚至目标，雅俗共赏的结果是俗的胜利。

与此同时，记者的编辑权逐步让渡于技术与算法。大数据和算法的制定和控制者是技术人员而不是传统意义上的新闻人，这也是新闻人没落的

一个大的方面。当然还有炒得很热的机器人写稿。一个编辑完全控制不了人们读什么，指导阅读的决定力量往往是朋友圈。编辑权的丧失意味着新闻人对自己的职业和专业不能负责，却又常常得为这个行业的错误担责。

再次，职业地位的丧失。先不讲什么无冕之王以及政治、社会地位，就是在新闻组织内部，新闻人的主体地位也在不断被消解。比如美国最大的报业集团甘尼特集团经过数次的整合，许多报社编辑部不再设总编辑一职，由代表公司利益的发行人独霸天下，销售、广告和经营同编辑部平起平坐。这对于新闻和经营水火不容的职业理念来说，简直是大逆不道，甚至是耻辱。

最后，新闻人丧失了职业上升通道。媒体整合的结果，是横向的技术化，而不是纵向的专业化。新闻人被要求无节制地横向拓展，而纵向则很难有上升的空间。传统上，新闻人根据资历可以升迁到管理层，而现如今的公司化管理架构下新闻人很难有上升空间。以往的新闻人经过专业积累，最终可以成为某个领域的专家，而现在的所谓的全媒体记者疲于奔命，做跨平台、全媒体报道，很难有专业的积累。

这些权力和权利的丧失，极大影响到新闻人的职业身份认同。职业身份认同听起来似乎是个形而上的问题，其实体现在日常琐碎的业务操作中。恩格斯说劳动创造了人本身，同样适用于新闻生产，有什么样的新闻编辑部，有什么样的权力关系，就必定会有什么样的记者和编辑。传播学家凯瑞曾一针见血地指出：新闻人生存在一个操作的世界里，这些行为规范不仅仅创造了产品和服务，同时也创造了记者本身，记者在行为中成形和定性。❸简单一句话，干什么决定是什么。

职业认同与职业操作的错位

新闻是个理想和价值观支撑的职业，然而，现在的新闻人的职业认同与职业操作错位严重。价值观和职业伦理告诉自己什么是应该做的，而在实际工作中却不得不去做自己不认同的事情。

美国《纽约》（New York）杂志最近发布的有关新闻人职业认同的调查发现，新闻人的职业认同与职业操作的错位非常普遍。

首先，受访者普遍认为新闻业最大的问题是商业模式的溃败，而第二大问题，则是由于商业模式崩溃而一味去迎合受众。超过 75% 的受访者说时刻感到市场的压力，45% 的人说自己不得不通过哗众取宠来迎合受众。从无冕之王、把关人堕落成自己所不屑的取悦者（entertainer），极大地伤害了职业自尊。

让人感叹的是，即使在这样的情况下，大多数新闻人的价值理念仍没有动摇。75% 的受访者坚定认为新闻必须坚持客观性，超过 86% 的受访者表示应该告诉读者他们应该或者需要知道的，不管他们有没有兴趣。但是，可悲的是，他们同时认为，目前已经没有平台和机会去实践这些理念。

当问到职业的困惑和压力都来自哪里时，41% 的受访者说是老板，紧随其后有 37% 说是来自对自我的不满，只有不到 18% 认为压力来自受众。绝大多数记者认为每天做的工作已经远离新闻专业主义（journalism），认为自己的工作丧失了职业尊严和意义。一位受访者说道："每天早上编前会上，通常先汇报一通前一天的数据，其次才谈新闻。这说明什么呢，说明数字比新闻重要。"

如此种种，职业权力的消解、职业认同的丧失，对于一个以公共服务为宗旨，以真相、公正等理念为灵魂的职业来说是致命的，对民主社会的政治健康极为有害。早在一百年前，普利策就写道："一个有力的、无私的，训练有素，明辨善恶，并且勇以行之的新闻界，才能保持新闻业的公共品质。失去这个公共品质，所谓民主不过是个骗局和笑话。一个玩世不恭的或者唯唯诺诺的新闻界必然会造就同它一样卑劣的民众。"

当然，职业的迷茫和危机，带来了许多亟待解决的理论问题和现实问题，而问题的解决恐怕还有待于整个社会的变革，因为这不仅仅是新闻的问题。以往我们在关注媒体变革的过程中，更多关注机构的兴衰，而忽视在这场大变革中新闻人的命运。没有优秀的职业新闻人，恐怕很难有高质量的专业主义的新闻。而新闻人的认同危机、职业危机，关乎新闻的未来，更关乎社会的未来。正因为在社交媒体时代，人人都可以参与到新闻的生产和传播中来，才更应该强调新闻的专业性和职业性。

【注释】

❶ JOHNSON T. Professions and power. New York：Routledge，2016.

❷ CASTELLS M. Communication power. Oxford：Oxford University Press，2013.

❸ CARET J. The communication revolution and the professional communicator//Munson E，Warren C. James Carey：a critical reader. Minneapolis：University of Minnesota Press，1997.

第 16 章

因品质得专业：人人新闻时代新闻专业主义的重塑

新闻业的没落不是专业主义的失败。在人人都可以做新闻的时代，专业主义愈发重要；而专业主义重塑的根本在于做有品质的新闻。专业新闻必须肩负起三大责任：求真的道义责任，提供背景的知识责任，提供舆论阵地的政治责任。

　　前一章《权力的丧失：社交媒体时代新闻人的职业危机》重点讨论了这样一个问题：在人人都可以做新闻的时代，传统新闻业的垄断被打破，职业界限开始消失，由此导致新闻人的传统权力，包括新闻的定义权和发布权的丧失。然而，一个专业新闻界，即便是不那么可爱，在现代民主社会也是不可或缺的。❶那么，接下来的一个关键问题应该是传统新闻业究竟应该如何重新认识，进而重塑自己的专业地位和不可替代性，找回职业存在的价值和权力。本文就这个问题进行一些初步探讨。主要想表达三层意思：其一，新闻专业主义的概念需要弄清楚，它应该包括两个主要意思，一为职业性，二为专业性，二者互为依托；其二，传统新闻业的出路在于重塑其专业性；其三，有品质的新闻和服务是专业性的根本体现。

职业和专业

　　新闻专业主义讨论起来头绪很多，既涉及宏观的政治、经济、文化体制对新闻的制约，也涉及新闻业本身的价值取向、理论构建和具体实践。新闻专业主义的内涵究竟是什么？新闻专业主义究竟仅仅是一种价值追求，还是也是一种既成的职业存在和专业实践？各种讨论依据不同的立场和切入点会有不同的命题和答案。抛开理论取向和价值判断的分歧不说，讨论这个问题的首要障碍是，新闻专业主义这个概念本身有点模糊不清。

在中国，新闻专业主义的概念是舶来品，对应的英文是 professionalism。中文翻译成"新闻专业主义"同原意是有出入的，"信""达""雅"三者里起码有"信"和"达"的问题，起码意思表达不完整。不过，任何翻译都是蹩脚的。钱钟书先生说"翻译即背叛"可谓点穴。这里不是在怪翻译，而是说对于舶来的概念，还是需要从原文开始讨论的。

英文的 professionalism 本身有两层意思：一层是职业性，是一种社会分工意义上的行业，或者说行当；另一层意思是专业性，指的是创造和提供某种产品和服务的能力和水平。从新闻专业主义形成的历史过程来看，professionalism 首先当指职业性。

报人（journalist）从一开始就备受"歧视"，因为只是个书记员和传声筒，算不得什么高大上。当时报人的出身一般都比较卑微，多半是印刷店的小学徒，英文里叫 printer's devil，翻译成北京的一句土话最贴切，"小力笨儿"，或者"碎催"，即店铺里干粗活累活的小伙计。美国著名作家马克·吐温就是这样的一个"小力笨儿"，他 12 岁就开始做新闻了。想想有意思得很，新闻打一开始就是一个人人都可以干的行当，到今天社交媒体时代的"人人都可以做记者"，等于完成了一个轮回。由于有这层身世背景，所以早在百年以前，新闻业的要事之一就是为自己正名。美国密苏里新闻学院第一任院长威廉斯曾是资深报人，但却没有大学学历，后来力主在大学建立新闻学院，并担任院长，后来又做了密苏里大学的校长，算是出了一口气。威廉斯为世界报业协会起草的《报人守则》，开宗明义第一句就是"我相信新闻的职业性"（I believe in the profession of journalism）。以前读《报人守则》，不太明白为什么先有这么一句，现在恍然。

职业和专业这两层意思其实也是纠缠在一起的。之所以有些牵强地分割这两层，是因为许多专业主义的讨论，在这两层意思里游移不定，分清楚有助于明白是在哪层意思上的论争，才能钢刀对铜锤，驴头对马嘴。比如，有观点认为新闻专业主义是精英构建的乌托邦，如果说的是职业性，我举双手赞成，因为职业性确实不强。如果是说专业性，那就值得好好讨论一番。假如说专业性是个乌托邦的话，那百年来的新闻价值观、新闻伦理，特别是新闻专业主义实践又该在何处安放呢？

不过，我个人不太喜欢专业主义的"主义"，因为无论什么样的理论，只要加上了"主义"两个字，就难免为捍卫或者诋毁某种标签而引起不必要的口水。就新闻专业主义来说，争论中往往纠结于"主义"而忘记了"专业"。

说清了新闻专业主义的职业性和专业性这两层意思还不算完，因为这两层意思本身也不那么确定。

职业，相对于英文的 profession，在意思上有宽严之别。宽，指一门行当（occupation），一门谋生的工作；严，特指某些强烈排他性的、有高度专业门槛的、自我管理且被社会认可的职业，比如医生和律师。这层意思上的职业是一种权力，是一个行业定义专业界限和排他性的能力。职业化是一个历史过程，是劳动分工的进一步专业化。社会总是通过一系列差别来维护社会分工和界限。一个职业如果被外界所依赖，就自然增加了权力和权威，结果是对于某种技术和服务有独立的控制权、裁判权。职业也是一个社会的、历史的、发展的概念，某些职业的职业化和专业化程度比较高，形成了高度独立的排他的利益共同体。

在所有对职业的定义和讨论中，最为精辟的当属林恩（Lynn）说过的一句话：真正的职业是不可以被雇用的（A true profession can never be hired）。❷这也是为什么律师事务所、会计师事务所不说雇员而说合伙人。我们这里可以再说白点：职业不可雇（hire）也不可解雇（fire）。

专业主义的专业性指一般人经专业教育和训练可以拥有的技术和能力，它以规范性的观念、职业伦理为理论核心，以系统的流程和标准为操作规范，以优异的产品和服务为结果。专业性归根结底是一种品质。

新闻专业主义的概念往往在职业性和专业性之间游移，模棱两可。最要命的是形而上的理念总是同形而下的业务规范纠缠在一起。在新闻专业主义的讨论中，有的偏向职业，比如麦奎尔（McQuail）将新闻专业主义定义为"有别于业余的工作表现"❸，显然指的是工作方面。而汉林（Hanlin）则强调其规范性的价值体系，说职业的主要内涵是一系列为公共利益服务的伦理。❹也许新闻学科历来就是这样纠缠不清，总是把价值理念同操作规范混杂在一起表述，比如在新闻的价值体系里，客观性就是个理念性的东西，而准确性则是可以操作、可以验证的。对于客观性的争论永无止境，但没有人来质疑新闻应该准确吧？

新闻专业主义这个概念的开放和不确定，为理论发展提供了空间，但坏处是容易导致自说自话。你东拉，他西扯，你跟他谈理念，他给你谈操作，你跟他谈操作，他又开始说理念。

新闻业的出路在于重塑专业性

1. 新闻的职业性很弱

新闻在宽泛的意义上当然是个职业，通过提供产品和服务获得报酬。但严格来说，新闻的职业性不是没有，只是很弱。别的职业都要执照，持证上岗，新闻则不要也不能要。要求执照同言论和出版自由相悖，在美国则是违宪，同宪法第一修正案冲突。

相对于新闻业，其他一些职业则界定得非常清晰：获得专门知识，通过资格考试，而后可以独立从事有关工作，并获得社会的认同。比如医生可以看病，只要不玩忽职守，即使误诊误判导致不良后果也可以不负法律责任，而无照接诊，即使治了病救了人，也是非法行医。

新闻的职业性起点则比较低。尽管美国宪法第一修正案禁止国会限制言论自由和出版自由，但丝毫没有提及民主社会应该有什么样的新闻界，如何来保证新闻业的独立自主。社会对于新闻的职业性的认识不是那么充分，也不觉得有像其他职业那样的急迫和必要。比如，亚当·斯密在《原富》中花费不少笔墨谈社会分工，谈职业，对医生和律师尤为重视：

"我们把健康交给医生，把财富，有时还把生命和荣誉交予律师。如此的信任万不可交予卑微之人。他们的酬劳和社会地位，必须同我们给予的信托相称。有鉴于他们需要的社会地位以及教育的开支，他们的工作报酬自然应该相应昂贵。"❺

可以看出，早在亚当·斯密时期，重要职业的社会责任和地位，以医生和律师为代表，就具备了广泛的社会认同，地位高，报酬丰厚。显然，新闻人从来没有得到这样的"职业"地位。随便列举几个职业属性，例如专业知识和技术壁垒、独立、排他等等，新闻符合的实在不多。最要命的是，虽然新闻的一大原则是独立，但这种独立只是专业层面上的，从职业上讲根本没有什么独立。记者的职业起步于学徒，出身相当不好，社会上都觉得新闻记者用不着什么专业学问，即所谓新闻无学，直至今天，记者的薪水还属于"下九流"。

但是，职业性不强，不等于没有专业。新闻的专业性在思想上有理论指导，在行为上有伦理约束，在操作上有系统的规范和技术，在结果上有典范，当然有专业性。

2. 新闻业的没落不是专业主义的失败

一直有观点说当今新闻业的没落证明了新闻专业主义的失败。新闻业落魄不假，说专业主义新闻式微也不错，但是，如果将其引申为新闻专业主义的失败就"似是而非"了，仿佛新闻专业主义曾经非常辉煌过似的，说家道中落的前提是曾经阔过。而事实上，正是因为新闻专业主义本身就没有建设好，所以才会在碰到社交媒体时丢城弃地，不堪一击。常有人说社交媒体、公民新闻冲击了新闻专业主义，业余的抢了专业的饭碗，先不说抢了没有，即使真抢了，那说明什么呢？说明你的饭碗本来就不铁，你的专业性太水。为什么互联网和社交媒体没有抢了医生和律师的饭碗呢？

新闻的专业性有点外强中干。因为长期以来新闻业把垄断得来的控制权误认为是专业性的胜利。其实从新闻媒体的表现来看，其最常发挥的作用是中介和传声筒，而寻求真相、启迪大众、监督政府的核心使命却被边缘化了。再说直接一点，新闻媒体大部分的稿子哪来的？来自政府机关和公关公司。每天的新闻无非政客很忙，警察很强，精英很棒，明星睡错了地方。即使所谓的原创新闻，也不过是在格式化别人准备好的新闻稿而已。客观和平衡被机械化成倒金字塔的他说她说，表面文章，不痛不痒，一地鸡毛。有句老话说得不错：新闻媒体总是在报道事实，却永远找不到真相。所以说，新闻业的衰落跟互联网和社交媒体的冲击没有直接关系。新闻业的衰落并不是从互联网出现后才开始的。在新媒体到来以前，由于垄断权的存在，这样的新闻专业性还可以忽悠出收入，因为广告商并不关心你的内容是否专业，而是关心你垄断的平台。如今这个垄断不再有，受众可以抛开你直接去获取信息，你的所谓的专业性还有什么价值？更为要命的是，当老皇历不能再捧着念的时候，不是努力去提高品质，加强专业性，而是觉得可以通过花钱更新设备和工具来解决问题，搭起了媒介融合、中央厨房的花架子，无奈推送的还是老一套。钱烧了不少，效果很差。于是继续抱怨人心不古，商业模式不行，一边抱怨，一边继续生产没有专业性的、没有价值的内容。一旦有人提出问题，便质问谁来埋单。没有人会仅仅因为你没钱埋单而埋单，你拿出你的专业性、你的品质，然后再说埋单也不迟。花样变了无数，但忘记了真正的出路是自己的专业性，所谓死了都不知道自己是怎么死的，说是被别人逼死的，实际上是自己作死的。这不是专业的失败，恰恰是不专业的失败。

有必要补充一句的是，这个问题当然比以上说的复杂。导致失败的原因很多，比如说政治和社会环境，那就更不是专业主义的错，更不是专业主义的失败。

3. 机会还有，位置还在

说来新闻界应该庆幸，如果把现今新闻媒体领域的竞争比喻成一场篮球赛的话，那么，一片混战过后，传统新闻并没有出局，高中锋的位置还在，机会还有。

一个行业的专业化和职业化的过程，就是相对于社会其他分工和行业，不断稳固增强其制定界限能力的过程。这个过程需要时间，需要一个稳定的社会环境。就新闻业来讲，职业化和专业化是伴随着现代化过程中社会变迁的不断冲击进行的，总是被颠覆性的传播技术挑战，多事之秋，动荡不定，加上先天性的职业性不足，因而专业性自然就弱。

弱不等于消亡，有不少人认为社交媒体时代，公民新闻的出现预示着新闻专业主义的终结。比如美国学者迪尤兹（Deuze）就持这种观点，理由是新闻业最有价值的功能——信息的中介和媒介作用被消解掉了。❻问题是，如果新闻专业主义的核心仅仅是中介的话，那确实是不行了。谢天谢地，新闻专业主义的三项核心使命——启蒙群众、监督权力、民主论坛，恰恰不是中介。在社交媒体时代，这三项功能非但没有被取代，而且愈发重要和紧迫。尽管公民新闻，或者叫参与新闻、公共新闻等有效地参与和补充了主流媒体，但是，目前为止，没有证据表明公民新闻已经或者能够取代传统主流媒体。在诸多方面，比如信息的准确可靠、透明度，以及公共服务的理念和职业操守上，传统媒体依然不可或缺。瑞典学者琼森（Jonson）和欧内波茵（Ornebring）的研究发现，用户的新闻参与往往限制于"流行文化、日常生活，而不是新闻和信息类"，用户直接参与新闻生产的微乎其微。❼

当然，不可否认，就职业性来说，公民新闻确实同传统新闻冲突，但是，问题是公民新闻基本都是偶尔玩票，没有人非要专业或者职业，那又为什么不可以共存、竞争或者合作呢？学者索洛斯基（Soloski）认真梳理了新闻专业主义特别是职业性的历史脉络以后说，新闻是否是个职业（profession）其实并不重要，重要的是你做什么。❽在人人都可以是新闻人的时代，专业性更为重要，更为紧迫，这也就是说新闻业重塑专业性的机会比任何时候都大。

机会有，不等于永远在，机会本身也不是成功。目前，新闻专业主义的重塑首先在于危难之时的坚守。当然，坚守和重塑不仅仅是业界的事，说大了是全社会的事，说小一点，至少学界有坚守的责任和义务，因为这不仅仅关乎新闻专业主义的现在，更关乎未来。你不能光是批评人家不坚守，或者只在论文里论证专业主义的重要，而在行动上做逃兵或者叛徒。当然大多数的新闻院校仍然在坚持新闻公共性和专业性的办学方针，但是，随着新闻业的没落带来的就业压力，也有不少院校产生疑惑，开始动摇。美国西北大学麦德尔新闻学院自 20 世纪 90 年代开始就逐步朝着整合营销的方向发展，备受争议。到 2011 年，更是把学院名称都改成了"麦德尔新闻、媒体与整合营销传播学院"，要说这名字改得也算名副其实，概括了该新闻学院从 20 世纪 90 年代中期以来的转向。只是不知道被该学院冠名的《芝加哥论坛报》前老板麦德尔先生，会不会从躺了一百多年的棺材里跳起来。业界和学界不少人愤怒不已，认为此举不仅自贬身价，而且威胁到新闻学科好不容易才在大学殿堂里争取到的专业地位。

当然，也有不少人认为这是对的，代表了媒体的未来，预示了专业主义的振兴。比如前院长吉尔吉莱昂（Ghilgilione）就说：新闻专业主义的黄金时代可能就在眼前，而不是过去。要说增强了职业性我同意，增强专业性也可以接受，但问题是，这还是新闻的职业和专业吗？

因品质得专业

专业性当然离不开价值和理念，包括公共服务、追求真相、客观、公正、平衡等，这是大前提。当然，对于这些形而上的价值和理念，争议颇多。比如有人说新闻专业主义的许多所谓理念听起来不错，实际上不过是很难实现的迷思。有的左派观点则走得更远，认为所谓客观、公正和平衡，是一种虚伪的假平衡，一种维护权利的意识形态而已，目的是在为自己的垄断地位进行自我标榜和自我话语建构，其结果是丧失对社会的批判力，在所谓的客观和平衡中维护的其实是社会的不平等，失去了其社会意义和社会进步作用。

然而，无论哪派的批评，都不否定价值观的重要性。即使是自我话语建构，也是非常重要的，因为话语建构会影响到职业的自我认定、社会认同。价值理念同专业性紧密关联，表现在生产的流程之中，最终奠定产品和服务的品质，决定其经济价值和社会价值。而新闻社会价值的最根本体现是其公共性，如果失去了这个，即使再专业，又有何益？公众又凭什么去在乎它的荣辱成败？

1.　新闻专业性的关键词

那么具体哪些才是新闻的专业性呢？科瓦齐和罗森斯蒂尔根据调查数据，在《新闻的十大基本原则》中归纳出十个新闻专业标准❾：

新闻首先对真相负责。

新闻人首先忠于公民。

新闻的根本是核实。

新闻人须独立于报道对象。

新闻须独立监督权力。

新闻须为公众争论和协商的论坛。

新闻须努力使重要的信息有趣且贴近公众。

新闻须全面均衡而不失重点。

新闻人可以凭良心从事。

公民对新闻有权利也有义务。

英国路透新闻研究所发表的《何为有品质的新闻》研究报告总结出以下几个专业品质❿：

准确、独立、可信、原创、言论、解释和深度。

从以上两个美国和英国学界、业界都比较认同的专业标准清单中，我们可以提炼出几个和专业直接相关且可以操作的关键词：真相、独立、原创、准确（核实）、言论、解释和深度。

在这几个关键词里，最紧要的是独立。独立是职业性和专业性程度的一个重要标志。不幸的是，虽然新闻被标榜为第四权力，但相对于其他职业，其独立性是非常弱的。美国宪法第一修正案只涉及了新闻在政治上的独立性，况且这个政治独立性也是大打折扣的，因为新闻最重要的信息源一直是政府和权力机构。新闻的独立性的最大问题是以市场为基础。观念市场也可以解读为观念无法独立于市场，因为市场成了检验真理的唯一标准了。当然一个重要原因是新闻职业性太弱，试问医生的专业性要靠市场检验吗？独立性弱，又如何来保证其他关键词的实现？新闻专业主义的独立性依附于市场，成为体制困境，这恐怕也是美国学界近年来呼吁将商业模式改为公共新闻模式的出发点所在。

回到上面列出的关键词。任何一个关键词，都不免会引起口水仗，你说原创，我还说整合呢。因此，与其在字眼上较真，不如把问题简单化一些。新闻业的专业性不妨表述为两句话：其一，做你该做的；其二，做你擅长的。再说白了，就是大家不做的，我来做，大家都做的，我做得更好。

先说你不做的我做，诸如严肃新闻、监督政府、制约权力等硬新闻。英国报业大王诺斯克利夫子爵（Alfred Harmsworth，Viscount Northcliffe）曾说"新闻就是某些人在某些时候不想印刷的东西，其他一切无非广告"。即使在社交媒体时代，事关重大的仍然是对权力特别是政治权力的监督。在人人都可以做新闻的时候，社会更需要一批职业的专业新闻人来报道权力想掩盖的东西。虽然有可能 90% 的突发新闻由公民和社会来报，但剩下的 10% 恰恰是最最重要的。

再说做自己擅长的。在社交媒体时代，记者的专业性不是抢独家、抢头条，因为你不可能在每一个现场、永远在现场，你永远抢不过新闻当事人或者旁观者。记者需要做的是调查、核实和解释。社交新闻，不是取代了新闻人，而是取代了新闻人的部分工作，能被取代的证明其专业性不强，且往往是不重要的工作、没有前途的工作。

2. 新闻的三大专业责任

在《大图景：为什么民主需要卓越的新闻》（*The Big Picture：Why Democracies Need Journalistic Excellence*）一书中，美国媒体评论家、学者舒尔（Effrey Scheuer）提出了新闻的三大责任，即求真的道义责任、提供背景的知识责任、提供舆论阵地的组织和政治责任。❶

其一是求真（truth）的道义责任。这个是根本，是新闻专业主义的立足之本。新闻只为真相负责，这是新闻专业主义同文学虚构、流言蜚语、国家宣传、商业广告和公关的根本区别。科瓦齐和罗森斯蒂尔也强调：在 21 世纪，社会已经从信息发现过渡到了信息证实，最主要的问题不再是如何去发现信息，而是确定哪些信息是可信和可靠的。

民主社会需要了解真相的公众参与，社会需要共识。没有共识，在如今这样一个种族、宗教、文化等极其多样化的社会是无法协调来解决问题的。传播科技提供的只是沟通的可能，并没有保证实际的沟通和理解，有时甚至会走向反面，信息碎片化，虚假信息泛滥，社会分裂，代价沉重。

其二，提供背景（context）的知识责任。事实通过背景才能展现意义，真相有赖于对整个事实的全面的掌握，所以在具体的操作中，不仅仅应该是何事、何人、何时、何地，而还应该是如何和为何。新闻的专业性就在于通过提供背景而阐释事件的意义。许多传统新闻单位依然固执地认为新闻业是做新闻事件的生意，所以还立足于抢新闻。新时期专业性的一个根本转变，是做新闻的品质，做增值服务。

其三，提供舆论阵地（public forum）的组织和政治责任。由于各种限制，传统新闻的互动性非常弱。而如今是网络社会，互动和参与可以通过多种手段来实现。所谓公民的参与，大多是由于主流新闻媒体报道某个新闻热点而产生的争论和表达。虽然这个参与的平台一开始就被互联网公司和社交媒体占得先机，但是，传统新闻没有理由不做得更好更专业，提供同受众沟通的机会，同时也为受众提供相互了解、辩论的机会。然而，出于各种顾虑，美国很多报纸关闭了评论功能，这无异于把最有价值的一块专业阵地拱手让给了别人。广告商最看重什么？是浏览量，是停留的时间，是忠诚度，而这三者恰恰就产生于发表意见的这些受众当中。

需要特别指出的是，传统新闻媒体的新闻生产是有组织的团队行为，有各种组织资源和便利，这是重塑专业性的一大优势。从这一点讲，把公民新闻当作竞争对手，实在是搞错了对象。

3. 专业性的根本是品质

品质指的是一种持之以恒的行为和业绩，其底线是行业门槛，高端是专业标杆。

品质意味着价值，没有品质，再完美的商业模式也是空谈。传统新闻的一些所谓的专业品质比如独家、新、快，在今天显然同新闻专业性没有直接关系。

品质无论过去还是现在，都是专业性的根本。专业成就品质，而品质创造价值。事实上，公众已经开始反弹，回归传统媒体，比如英国的《金融时报》、美国的《纽约时报》和《华盛顿邮报》近两年经营状况明显好转。最新数据显示《纽约时报》60% 的营业收入来自付费订户，而以往只有 30% 不到。有品质是有市场的前提，这也解释了《经济学人》《大西洋月刊》和《纽约客》这样专业品质的媒体为什么能够过得不错。

日本的 NHK 电视台在专业上的投入也卓有成效，在 2011 年 3 月 11 日东京大地震中，NHK 电视台表现出卓越的专业品质：地震 30 秒后立刻插播了字幕消息，一分钟后，旗下所有的频道和电台都转入了现场直播。电视台有一套自动生成的写稿系统，能够在最短时间内写出新闻稿。电视台同气象台和地震台都保持非常密切的合作，对此类新闻的报道平时都有路演。电视台还在一些城市的多个地段布置了 300 多个自供电全天候摄像头，自动返回画面；还配置了 15 架直升机，随时航拍直播。电视台还组建多个验证小组，专门关注核实社交媒体网络的消息。在平时就注重专家智库网络建设，灾难发生的时候，可以给出非常专业、具体的方案和建议。

肯定会有人说，快别提什么专业主义，什么品质，品质意味着更大的投入，在新闻业举步维艰的情况下，这样的投入太不现实，也非常冒险，更重要的是公众也不一定买账。再说了，凭什么我就必须做品质，网络上那么多没品的不是活得很好吗？也没见它们有什么专业性。是的，有许多没品的赚了钱，但问题在于：

其一，人家的货色没什么品，但摊位地段好，谁让你自己没占场子？

其二，"短""平""快"整合和推送也是专业，新媒体擅长的是推送（push），你擅长的是通过品质来吸引（pull），技术推动的东西你玩不过人家。

其三，它们的日子过得未必比你好，MySpace 哪里去了？不可一世的雅虎又如何了？新媒体死的肯定比传统媒体多，而且死得也更难看，只是你没看见。

当然，新闻专业主义的成败更在于全社会的觉醒和支持。这个重塑专业化的过程可能会很长，特别是在整个大环境都比较差的情况下。为什么说比较差？比方在美国，首先有一个仇视新闻界的总统，其次还有不少人主动选择无知，更可怕的是还有一种群体的"愚蠢"。所谓"愚蠢"不是无知，而是罔顾事实的顽固。沟通的技术日臻完善而沟通的成效越来越差，这也许是人类发展到后现代社会面临的一个困境。正如科瓦齐和罗森斯蒂尔在《新闻的十大基本原则》中写到的：独立的新闻界是否能够存在，取决于新闻人是否有信心和有能力向公众说明、展示独立的新闻界意味着什么，什么是专业品质以及人民大众是否真的在乎。

【注释】

❶ SCHUDSON M. Why democracies need an unlovable press. Malden, MA：Polity Press, 2008.

❷ LYNN K. The profession in America. Boston：Houghton Mifflin, 1965.

❸ MCQUAIL D. McQuail's mass communication theory. London：Sage, 2010.

❹ HALLIN D. Commercialism and professionalism in the American news media//Curran J, Gurevitch M. Mass Media and Society. London：Arnold, 1996：218-237.

❺ SMITH A. An inquiry into the nature and causes of the wealth of nations. Chicago：University of Chicago Press, 1977：50.

❻ DEUAZE M. Media work. Cambridge, MA：Polity Press, 2007.

❼ JONSON A M, ORNEBRING H. User-generated content and the news. Journalism Practices，2011，5（2）：127-144.

❽ SOLOSKI J. News reporting and professionalism：some constraints on the reporting of the news. Media Culture & Society，1989，11（2）：207-228.

❾ KOVACH B，ROSENTIEL T. Elements of journalism：what newspaper should know and the public should expect. revised and updated edition. New York：Three Rivers Press，2014.

❿ VEHKOO J. What is quality journalism and how it can be saved：Reuters Institute Fellowship paper. Oxford：University of Oxford，2010.

⓫ SCHUER J. The big picture：why democracies need journalistic excellence. New York：Routledge，2008.

参考文献

ANDERSON C W. Rebuilding the news: metropolitan journalism in the digital age. Philadelphia: Temple University Press, 2013.

BATSELL J. Engaged journalism: connecting with digitally empowered news audiences. New York: Columbia University Press, 2015.

BOCZKOWSKI P. Digitizing the news: innovations in online newspapers. Cambridge, MA: MIT Press, 2004.

BURNS E. Infamous scribblers: the founding fathers and the rowdy beginnings of American journalism. New York: Public Affairs, 2006.

CAREY J. Communication as culture. New York: Routledge, 1993.

CASTELLS M. Communication power. New York: Oxford University Press, 2013.

CHRIS N. What is journalism? the art and politics of a rupture. London: Palgrave Macmillan, 2016.

CHRISTENSEN C M. The innovator's dilemma: when new technologies cause great firms to fail. Cambridge, MA: Harvard Business Review Press, 1997.

CLARK R P, ADAM G S. Journalism: the democratic craft. New York: Oxford University Press, 2006.

DEUZE M. Media work. Cambridge, MA: Polity Press, 2007.

EMERY M, EMERY E, ROBERTS N L. The press and America: an interpretive history of the mass media. 9th ed. Boston: Allyn & Bacon, 1999.

FANG I E. Alphabet to Internet: mediated communication in our lives. St. Paul, MN: Rada Press, 2008.

FIDLER F. Mediamorphosis: understanding new media. Thousand Oaks, CA: Pine Forge Press, 1997.

FEDLER F. Lessons from the past: journalists' lives and work, 1850—1950. Prospect Heights, IL: Waveland Press, 2000.

FUCHS C. Social media: a critical introduction. Thousand Oaks, CA: Sage, 2017.

FULLER J. What is happening to news: the information and the crisis in journalism. Chicago: University of Chicago Press, 2010.

HALLIN D, MANCINI P. Comparing media systems, three models of media and politics. New York: Oxford University Press, 2004.

HAMILTON J. All the news that's fit to sell: how the market transforms information into news. Princeton: Princeton University Press, 2006.

HERMIDA A. Tell everyone: why we share and why it matters. Toronto: Doubleday Canada, 2014.

JENKINS H. Convergence culture: where the old meets the new. New York: New York University Press, 2006.

JENKINS H, FORD S, GREEN J. Spreadable media: creating value and meanings in a networked culture. New York: New York University Press, 2013.

JOHNSON T. Professions and power. New York: Routledge, 2016.

KOVACH B, ROSENSTIEL T. Elements of journalism: what newspaper should know and the public should expect. revised and updated edition. New York: Three Rivers Press, 2014.

LYNN K. The profession in America. Boston: Houghton Mifflin, 1965.

MARAS S. Objectivity in journalism. Malden, MA: Polity Press, 2013.

MCCHESNEY R, MICHOLS J. The media revolution that will begin the world again. New York: Nation Books, 2010.

MCCHESNEY R, PICKARD V. Will the last reporter please turn out the lights? the collapse of journalism and what can be done to fix it. New York: The New Press, 2012.

MUNSON E S, WARREN C A. James Carey: a critical reader. Minneapolis: University of Minnesota Press, 1997.

MERILL J. The imperative of freedom: a philosophy of journalistic autonomy. New York: Freedom House, 1990.

MINDICH D. Just the facts: how objectivity came to define American journalism. New York: New York University Press, 1998.

MINDICH D. Why Americans under 40 don't follow the news. New York: Oxford University Press, 2005.

MULLER L. Comparing mass media in established democracies: patterns of media performance. New York: Palgrave Press, 2014.

POSTMAN N. Amusing ourselves to death: public discourse in the age of show business. New York: Penguin Books, 1985.

RYFE D. Can journalism survive? an inside look at American newsrooms. Malden, MA: Polity Press, 2012.

SCHUDSON M. Why democracies need an unlovable press. Malden, MA: Polity Press, 2008.

SCHUER J. The big picture: why democracies need journalistic excellence. New York: Routledge, 2008.

SEARLS D. "Post-industrial journalism" in Doc Searls'weblog. (2001-10-02) [2017-01-09]. http://doc. weblogs. com/2001/10/02#postindustrialJournalism.

USHER N. Making news at The New York Times. Ann Arbor, MI: University of Michigan Press, 2014.

VERGANTI R. Design-driven innovation: changing the rules of competition by radically innovating what things mean. Cambridge, MA: Harvard Business Press, 2009.

WARD S. Radical media ethics: a global approach. Malden, MA: John Wiley & Sons, 2015.

WARD S. Media ethics beyond borders: a global perspective. New York: Routledge, 2010.

WAISBORD S. Re-inventing professionalism. Malden, MA: Polity Press, 2013.

WEAVER D, BEAM R, BROWNLEE B, et al. The American journalist in the 21st century. Mahwah, NJ: Lawrence Erbaum Associates, 2007.

WILLIAMS B A, DELLI CARPINI M X. After broadcast news: media regimes, democracy, and the new information environment. Cambridge: Cambridge University Press, 2011.

后记

　　本书由原发表于文汇新民联合报业集团和上海社会科学院新闻研究所主办的《新闻记者》的16篇文章更新修改而成。按照学术随笔的定位，写得比较"白话"，以说明问题为第一考虑，因而有意避开了一些理论层面的纠缠。不抄述文献、使用表格等，尽可能写短，省纸，抑或可以挽救几棵小树，也省大家的时间。收入本书时，加了少量的注释，以方便读者查阅原文，并在正文之后附上了一些重要的参考文献。

　　本书所涉及的学术、业务问题，在序和正文里已经充分表达了。这里主要是致谢。

　　首先感谢《新闻记者》主编刘鹏博士的信任与支持，使本人一些不成熟的想法能够付诸文字，就教于国内学界、业界同人。同时感谢《新闻记者》诸位编辑的辛苦。

　　感谢宁波市3315高端人才引进项目的资助。感谢浙江大学宁波理工学院提供良好的工作条件和生活支持。感谢邵培仁院长的关心帮助。

　　感谢浙江大学宁波理工学院的何镇飚教授，他是整个项目的发起者和促成者。感谢王军伟博士，没有他事无巨细的帮助，这个工作也很难完成。

还要特别感谢展江教授，这些文字最先得到他的支持与鼓励。感谢中国海洋大学的王天定教授，他一直都在督促、鼓励我写一些中文的东西。抱歉的是，我生性拖拉，直到现在都没有开始写他想要我写的。

要特别感谢中国人民大学出版社翟江虹女士的理解、支持以及为此书出版付出的辛苦和努力。她还是我在中国人民大学出版社的第一本书《媒介内容分析法》的策划编辑。

最后，也是最重要的，要感谢读者您。没有您的阅读，这些文字包括我这里的感谢，不过是冷冰冰的符号而已。

彭增军

2018 年初春

图书在版编目（CIP）数据

新闻业的救赎：数字时代新闻生产的16个关键问题／彭增军著 . —北京：中国人民大学出版社，2018.6
ISBN 978-7-300-25822-5

I. ①新⋯　II. ①彭⋯　III. ①新闻学-研究　IV. ①G210

中国版本图书馆CIP数据核字（2018）第107446号

新闻业的救赎

数字时代新闻生产的16个关键问题

彭增军　著

Xinwenye de Jiushu

出版发行	中国人民大学出版社	
社　　址	北京中关村大街31号	**邮政编码**　100080
电　　话	010－62511242（总编室）	010－62511770（质管部）
	010－82501766（邮购部）	010－62514148（门市部）
	010－62515195（发行公司）	010－62515275（盗版举报）
网　　址	http://www.crup.com.cn	
	http://www.ttrnet.com（人大教研网）	
经　　销	新华书店	
印　　刷	北京宏伟双华印刷有限公司	
规　　格	170 mm×240 mm　16开本	**版　　次**　2018年6月第1版
印　　张	12.75 插页2	**印　　次**　2023年5月第4次印刷
字　　数	148 000	**定　　价**　49.80元